CENTIMES, LA BROCHURE DE 32 PAGES

AVANT-PROPOS

Les **Crimes** et les **Causes célèbres** comptent un grand nombre d'historiens. De tout temps, l'histoire des **Grands Drames de la Cour d'Assises** fut considérée comme la partie la plus intéressante de l'histoire générale des mœurs. Elle en est même la partie essentielle, car on ne saurait connaître une époque dont on ignorerait les crimes.

Tel est le caractère sérieux du nouveau recueil que nous offrons au public; quant à l'attrait dramatique de ses récits, est-il besoin de l'indiquer?... Quelles fictions peuvent être aussi émouvantes que les scènes où la réalité nous saisit par son inimitable accent? Et les annales judiciaires ne sont-elles point les éternels et inépuisables magasins où va se ravitailler l'imagination de nos dramaturges et de nos romanciers les plus féconds?

Enfin, on trouvera ici un vaste répertoire des plaidoiries les plus remarquables, un recueil des pages les plus éloquentes de tous ceux qui sont ou ont été les lumières et la gloire du barreau.

Quel que soit votre goût, lecteur, une place est marquée à notre ouvrage dans votre bibliothèque; soit que vous cherchiez un enseignement philosophique et historique, soit que vous ne cherchiez qu'une simple distraction, *les Grands Drames de la Cour d'Assises* ont été écrits pour vous.

Le Rédacteur en chef,

A. DE LA BRUGÈRE.

Nous publierons tous les Grands Procès
anciens et nouveaux.

Un numéro d'essai est envoyé gratuitement à toute personne qui en fait la demande par lettre affranchie.

ABONNEMENTS

Un an, 52 numéros : **5 fr.** — Trois mois, 13 numéros : **1 fr. 40** c.

ABONNEMENT D'ESSAI, un mois, 4 numéros, **40 cent.**,
en 2 Timbres de 20 centimes.

2373 Paris. — Typ. Morris et Comp., rue Amelot, 64.

Le Premier numéro des GRANDS DRAMES de la COUR D'ASSISES
paraîtra le samedi 3 Octobre 1868.

Les Fascicules de cette importante publication se succéderont de samedi en
samedi, et formeront tous les deux mois un beau volume
de 250 à 300 pages, illustré de 20 à 30 gravures fort belles et inédites.

Nous publierons successivement les **Grands Procès politiques**, les
Assassinats par Amour, les **Crimes de grands chemins**, les
Associations mystérieuses, les **Crimes domestiques**, les **Associations de Malfaiteurs**, les **Empoisonnements**, les **Parricides**, etc., etc.

UNE LARGE PLACE SERA RÉSERVÉE AUX **Crimes célèbres** DES

GENS D'ÉGLISE

APPARTENANT A TOUS LES CULTES

ETC., ETC.

Chaque cause sera confiée à l'écrivain que sa notoriété et son tempérament littéraire sembleront désigner au rédacteur en chef et aux propriétaires de l'ouvrage.

Ajoutons que le titre : *les Grands Drames de la Cour d'assises* ne saurait exclure les procès en police correctionnelle d'un véritable intérêt.

Enfin l'esprit qui anime cette œuvre collective est d'un esprit impartial, éclairé par les opinions les plus libérales, les seules qui puissent concourir à la recherche de la vérité.

Quant à la partie matérielle, l'éditeur croit devoir répondre aux objections qui lui sont faites :

« Comment, lui dit-on, pouvez-vous vendre 32 PAGES *inédites, illustrées de gravures* également inédites et élégamment brochées pour 10 CENTIMES ? »

A cela l'éditeur répond qu'il a obtenu un rabais notable, 1° en faisant tout faire, papier, gravure, clichés etc. en grande quantité ;— 2° qu'il s'est adressé à l'une des premières imprimeries de Paris, l'imprimerie Morris qui possède une machine capable de tirer en un seul jour 10.000 volumes de 300 pages avec le même personnel que pour une machine ordinaire. On comprend qu'en tirant un nombre considérable d'exemplaires de chaque brochure, les frais généraux se trouvent tellement diminués qu'il soit possible de donner 32 PAGES ILLUSTRÉES et brochées pour 10 CENTIMES. Voilà tout le secret.

On peut s'abonner pour un an moyennant 5 fr., et recevoir l'ouvrage, soit par brochure de 32 pages, chaque samedi, soit par volume de 250 à 300 pages tous les deux mois.

Le Procès de **Fualdès** sera publié en 4 ou 5 fascicules de 32 pages

Nous publierons ensuite un grand Procès par **Alexandre DUMAS.**

2700   Paris, Typ. Morris et Comp., rue Amelot, 64.

CONDITIONS DE LA SOUSCRIPTION

LES GRANDS DRAMES DE LA COUR D'ASSISES

ANCIENS ET NOUVEAUX

Paraissent en Livraisons de 32 pages, ORNÉES DE GRAVURES, entièrement inédites, avec couvertu
illustrées.

IL PARAIT UNE LIVRAISON TOUS LES DIMANCHES

Cet ouvrage est imprimé en caractères neufs et sur papier glacé

---

*Chaque Procès se vendra aussi séparément, le prix en sera fixé d'après le noml
des Livraisons qu'il contiendra.*

LES GRANDS DRAMES DE LA COUR D'ASSISES

Se vendent aussi en beaux volumes de bibliothèque, brochés,
au prix de **90 centimes** seulement.

On peut également s'abonner et recevoir FRANCO à domicile les Livraisons au fur et à mesure qu'elles paraîtr

---

PRIX DE L'ABONNEMENT

Un an (52 numéros)...	5 fr.	» c.
Six mois (26 numéros)...	2	75
Trois mois (13 numéros	1	40

Le premier numéro a paru le 1 Septembre 1868.

Pour s'abonner, envoyer un mandat-poste ou en timbres-poste à M. FAYARD, éditeu
49, rue des Noyers, à Paris.

Cette nouvelle Collection contiendra tous les PROCÈS CÉLÈBRES (anciens et nouvea
Nous commencerons par Fualdès, Benoît le Parricide, Lacenaire, Papavoine, Ven
Dumollard, le cocher Collignon, Mingrat, Contrafatto, madame Lafarge, de Praslin
drame de la forêt de Fontainebleau, de Bocarmé, le frère Léotade, Béranger, Fies
Orsini, de Jeufosse, le squelette de la rue de Vaugirard, de Marcilly, duel Dujarr
Beauvallon, de Marcellange, Lesurques (courrier de Lyon), l'enfant de la Villett
bergère d'Ivry, les assassins par amour, les associations de malfaiteurs : Latr
Audouy, Sallot, le drame de la Varenne Saint-Hilaire, etc., etc.

Cette Collection sera LA PLUS BELLE, parce qu'elle est très-bien imprimée sur pap
glacé; elle sera LA MIEUX RÉDIGÉE, parce qu'elle est écrite par nos meilleurs autr
et les plus compétents; elle sera LA MIEUX ILLUSTRÉE, parce que toutes nos grav
sont inédites et exécutées par nos meilleurs artistes; elle sera LA PLUS INTÉRESSA
parce que les auteurs ne prennent leurs renseignements et leurs notes qu'à des sou
certaines; elle sera LA PLUS PORTATIVE ET LA PLUS FACILE A CONSULTER, grâce à son for
commode et à son impression très-facile à lire; elle sera LA PLUS COMPLÈTE en ra
du soin que nous y apportons et des renseignements spéciaux que nous possédon
enfin elle sera LA MEILLEUR MARCHÉ, grâce à son prix de 10 CENTIMES la livr
de 32 PAGES, ILLUSTRÉE ET INÉDITE. C'est le dernier mot de la librairie à bon marcb

ARTHÈME FAYARD, ÉDITEUR
RUE DES NOYERS, 49, PARIS

19

PAPAVOINE

I

LE COMMIS AUX VIVRES (*Riz-pain-sel*)

La frégate *la Cavalière*, partie de Brest pour porter des dépêches aux Antilles, se trouvait, le 25 avril 1805, vers le soir, en vue de Saint-Domingue.

Une joyeuse activité régnait à bord; les visages des officiers et des matelots rayonnaient d'un air de fête.

Après une longue et périlleuse traversée, on allait enfin pouvoir se délasser des fatigues subies en pleine mer.

Seul, un homme de vingt-deux ans environ semblait ne pas partager la joie commune. Taciturne et réfléchi, il restait accoudé sur les bastingages du gaillard-d'arrière, regardant tristement le sillage du navire.

Allons, fit un gabier, montrant le rêveur à un mousse, voilà encore *Riz-pain-sel* qui se détériore la cervelle à broyer du noir! Va, nonobstant, lui insinuer que le capitaine le demande...

— J'ose pas, répondit le mousse.

— Et pourquoi, mille sabords?

— Dame! p'pa Ladrisse ; j' sais pas, moi!...

Le père Ladrisse jeta un regard investigateur autour de lui ; puis, voyant que personne ne l'observait, et que, d'ailleurs, l'ombre qui était descendue rapidement empêchait de l'apercevoir, il s'approcha de l'enfant :

— Dis-moi, mon petit Jean — fit-il avec une certaine expression de tendresse — pourquoi que tu n'oses pas parler au commis... est-ce qu'il te ferait peur?...

— Peur!... répéta le mousse, redressant sa petite tête avec fierté ; vous savez bien, p'pa, que *Fil-de-Grelin* ne tremble jamais !...

— Je le sais; eh bien! alors?...

— Dame! j'éprouve, près du commis, quelque chose comme de la répugnance... Je suis pas hardi, quoi!

— Eh! ça a, peut-être, sa raison au fond, fit le père Ladrisse, tressaillant lui-même.

Cette conversation, qui avait lieu entre un fort et solide gabier de Brest, Guillaume Ledru, surnommé *Ladrisse*, et son fils Jean, dit *Fil-de-Grelin*, mousse d'une douzaine d'années, fut soudain interrompue par un coup de sifflet.

Une voix commanda :

— Tout le monde sur le pont !

— Allons! à ton poste, moussaillon! dit Guillaume; il n'y a plus de parenté, maintenant !

Le père et le fils se séparèrent.

L'équipage au complet, — excepté les hommes occupés à la manœuvre, le major, ses aides et le commis comptable du bord, — se trouvait au pied du grand mât, entourant le capitaine.

— Mes amis, dit ce dernier, au milieu d'un religieux silence, je vous ai rassemblés pour vous demander avis.

Une stupeur profonde se manifesta dans l'équipage; les marins s'entre-regardèrent avec terreur; ils connaissaient leur vieux et brave commandant, et ils étaient convaincus qu'il fallait qu'ils fussent menacés d'un bien grave danger pour que leur chef n'osât en assumer sur lui la responsabilité tout entière.

En même temps, toutefois, ils avaient confiance dans le vieux loup de mer qui les guidait.

— Un conseil à nous? cria l'équipage.

— Oui, mes enfants.

— Et pourquoi?

— Parce que je ne veux pas disposer de vos existences sans vous consulter.

— C'est aimable à vous, commandant, fit un gabier en s'avançant, le bonnet à la main, vers son chef; mais vrai, là, c'était pas besoin de nous déranger pour si peu...

— Cependant, Ladrisse...

— Je comprends; vous nous appelez vos enfants, — donc vous êtes notre père.

— Oui! oui! oui! cria l'équipage d'une voix unanime.

— Par ainsi, et pourquoi, reprit l'orateur, que nous

ne devons pas nous insinuer dans votre conduite de chef; pas vrai, vous autres?

— Bravo! Ladrisse! applaudit l'équipage.

Sous sa moustache grise, le commandant Gabord était profondément ému.

— Cependant, mes enfants... objecta-t-il.

— Il n'y a pas de cependant; agissez à votre guise; nous sommes là pour vous obéir!

— Vive le commandant! vive la France!

En entendant ces chaleureuses exclamations, le dernier vestige d'hésitation disparut de l'âme du vieux marin.

D'un geste spontané, il ôta son chapeau et se découvrit respectueusement.

— Vive la France! vive *la Cavalière!*... Branle-bas de combat! cria-t-il d'une voix vibrante.

— Branle-bas de combat! répéta l'équipage.

Tous les marins allaient se séparer pour voler à leur poste; le brave Gabord les retint d'un geste.

— Cinq navires anglais font voile sur nous, dit-il d'une voix brève.

— Cinq?...

— Oui; je pouvais fuir; nous pouvons même le faire encore.

— Le combat!... le combat!... s'écria l'équipage.

— Le combat, vous l'aurez!... Car vous savez bien tous que le commandant Gabord n'a qu'une parole!...

— Eh bien! alors, capitaine? fit un jeune enseigne.

— Alors, monsieur, reprit le commandant, je dois songer à la sûreté de mes dépêches...

A ces mots, un frisson glacial s'empara de l'équipage.

Chacun de ces hommes courageux et ardents se mit à tressaillir, comprenant ce qui allait arriver.

En effet, le capitaine éleva de nouveau la voix.

— Le canot à la mer !... Un officier et cinq hommes de bonne volonté ? ordonna-t-il.

Un silence glacial, seul, lui répondit.

— Un officier et cinq braves pour affronter la mort, en portant mes dépêches à Saint-Domingue, cette nuit ! répéta-t-il.

Cette fois encore, personne ne bougea.

— Ah, c'est ainsi !... mille sabords ! pas un de vous qui ne veuille céder sa part de gloire et de bataille pour les luttes obscures et pénibles du devoir ? Eh bien ! toutes voiles dehors !

— Capitaine ! supplia l'équipage.

— Toutes voiles dehors et la barre au vent, répéta le vieux Gabord.

Le mouvement s'exécuta, et le navire fila sur Saint-Domingue avec une inconcevable rapidité.

Les marins français, qui avaient espéré le combat, se tenaient tête basse devant le commandant.

Enfin le père Ladrisse reprenant la parole :

— Capitaine, dit-il timidement, il faut un homme de bonne volonté... Nous voilà, mon fils et moi...

Et, avec *Fil-de-Grelin*, il se plaça aux côtés de M. Gabord.

Ce dernier sourit et fit signe qu'il allait parler.

Mais, avant qu'il eût ouvert la bouche, plus de vingt matelots et quatre officiers étaient venus lui offrir leurs services.

— Carguez les voiles ! commanda-t-il.

Puis, comme le navire ralentissait sa marche.

— Sont-ils stupides, murmura-t-il ; je demande cinq hommes et en voilà trente !... Diable, comment faire, maintenant ?

— Le sort ! le sort ! proposa l'équipage.

— Allons ! vite au sort.

En un clin d'œil, les officiers eurent fait autant de numéros qu'il y avait d'hommes ; les cinq premiers matelots désignés par le hasard devaient partir.

On procéda au tirage au sort.

Au milieu d'un grand silence, les noms des hommes de *bonne volonté* furent proclamés.

Pâles comme des victimes, ils sortirent des rangs ; on eût dit qu'ils marchaient à la mort.

Sous la conduite du jeune enseigne, ils parèrent le canot et s'éloignèrent de la frégate, silencieux comme des ombres.

— Pauvres camarades ! soupira l'équipage, en continuant les apprêts du combat.

Sur ces entrefaites, la nuit était complétement venue ; une grande obscurité régnait donc à bord.

Le chef avait recommandé d'éteindre les lumières.

Debout sur le gaillard d'arrière, une lunette de nuit à la main, il observait l'horizon.

— Dans une demi-heure, le premier Anglais sera dans nos eaux, se dit-il à part.

Puis :

— *Fil-de-Grelin* ? appela-t-il.

— Voilà, capitaine !

— Va chercher ton père.

Une minute après, Ladrisse se tenait respectueusement devant son supérieur.

— Guillaume, fit sévèrement M. Gabord, pourquoi n'as-tu pas embarqué ton fils dans le canot ?

— Parce que je n'y étais pas moi-même, commandant.

— Est-ce que tu n'aimerais pas ton Jean ?

— Moi !...

— Oui, toi qui le laisses sur la frégate, sachant qu'il peut y être tué !

Si les ténèbres eussent été moins épaisses, le commandant eût vu pâlir son fidèle gabier.

— C'est pourtant vrai ça, balbutia-t-il naïvement... mon Jean pourrait...

— C'est même plus que probable qu'il mourra cette nuit... comme nous tous, du reste, ajouta le commandant ; à moins que...

— Que faut-il faire ? demanda le gabier.

— Prendre un second canot et aller rejoindre le premier avec ton fils.

— Moi, quitter mon poste !

— Pour sauver ton enfant...

— Mais... pour quel motif quitterais-je le navire ?

— Des dépêches oubliées...

— Des dépêches oubliées !... Vous ? allons donc !

— Guillaume ! accentua le commandant d'une voix sévère.

— Vous trouvez peut-être que je vous manque de respect ?... insinua le vieux gabier.

— Tais-toi !...

— Commandant, votre parole d'honneur que vous m'avez cru capable d'accepter votre proposition ?...

— Mais, tais-toi donc !

— Et c'est à moi que vous proposez de fuir ?...

— Guillaume !

— Vous me proposez une lâcheté ! vous qui, il y a sept ans, un soir comme aujourd'hui, la veille d'un combat sans espoir, m'avez dit, en me montrant votre fils, qui débutait sous vos ordres : « Guillaume, demain s'il recule, tue-le ! » Est-ce que vous n'aimiez pas votre fils, hein ! capitaine ?...

— Mon brave Édouard !

— Oui, votre brave Edouard, qui montre si bien aux Anglais qu'il est le digne fils de son père !

— Mais... pourtant...

— Assez, commandant !... Je refuse !... Je suis marin; Jean est marin; s'il doit mourir, il mourra; mais je vous jure qu'il ne partira pas.... du moins sans son père.

— Un mot encore, Guillaume ?

— Parlez, commandant.

— Nous ne serons pas les plus forts.

— Je le sais.

— Alors c'est de la folie de lutter un contre cinq !

— Où voyez-vous cela ?

— Nous serons tous massacrés.

— C'est possible !... mais, au moins, on ne nous fera pas prisonniers.

— Qui dit cela ?

— L'équipage.

— Ainsi, ces braves gens n'ignorent pas le sort qui les attend ?

— Ils sont décidés à vaincre ou à sauter avec vous, certains que jamais vous n'abaisserez, devant le yacht anglais, notre glorieux pavillon tricolore !

— Merci, Guillaume ! Ah ! je te comprends, maintenant, fit le vieux marin, électrisé par ce que venait de dire le gabier ; mais avant de nous séparer, une dernière recommandation...

— Laquelle ?

— Aie soin qu'un homme veille constamment à la sainte-barbe, pour nous faire sauter au moment opportun.

— Oui, capitaine.

Le gabier retourna à son poste.

Si le brave Guillaume avait été moins préoccupé de la gravité des circonstances présentes, il n'eût pas manqué d'apercevoir une ombre qui sembla surgir du bord du bastingage de l'arrière, et passa devant lui pour se glisser dans l'entre-pont.

Cette ombre, que le gabier ne vit pas plus que le capitaine Gabord, n'était autre que le commis aux vivres, *le riz-pain-sel* de *la Cavalière* ; l'homme, enfin, pour lequel *Fil-de-Grelin* éprouvait une répulsion mêlée d'épouvante.

Pendant que, sur le pont et dans la mâture de la frégate, l'équipage se livrait activement, mais dans l'obscurité, aux préparatifs de la prochaine bataille, la même effervescence régnait dans l'intérieur du navire.

Seulement, là il y avait abondance de lumière.

On avait fermé les sabords pour ne pas être aperçus.

Dans la batterie, toutes les pièces étaient amplement fournies de munitions, et les pointeurs attendaient, mèche allumée, prêts à faire feu.

Des amas d'armes, sabres, haches d'abordage, mousquets, fusils, étaient entassés çà et là.

A côté des instruments de mort des matelots : des bandages, des trousses ouvertes, des tables préparées ; et, près d'elles, le chirurgien du bord, avec ses aides, le tablier au cou, les manches retroussées.

Le commis aux vivres parcourut lentement l'entre-pont.

Devant chaque caronade, devant les matelots encore tachés du sang des précédents combats, il s'arrêtait.

D'abord, il contempla, en silence, les engins de des-

truction, et les lames brillantes et acérées des chirurgiens; puis, ses yeux s'animèrent, et un féroce *rictus*
contracta les plis de sa lèvre.

Comme un fauve, il se précipitait sur les instruments
de mort et les caressait, semblant leur dire :

— Va, fais bien ton devoir tout à l'heure ; répands du
sang... beaucoup de sang !

Et alors, il passait son doigt avec volupté sur l'acier
poli des lames.

Puis, comme frappé par une sensation désagréable de
froid, le jeune homme retirait précipitamment sa main,
éteignait l'éclair de son regard, abaissait la crispation de
ses lèvres, et s'éloignait d'un pas lent et automatique.

Après avoir minutieusement accompli sa visite, *Riz-
pain-sel* descendit un étage plus bas, et entra dans son
logement, situé près du poste des élèves de marine.

Il se laissa tomber plutôt qu'il ne s'assit sur un siége,
près d'une longue table surchargée de papiers, de
livres et de registres.

C'était, comme nous l'avons dit plus haut, un jeune
homme de vingt-deux ans à peu près.

Il était grand, pâle et mince.

Ses membres paraissaient ne se mouvoir qu'avec une
certaine raideur.

Ses gestes semblaient lents et anguleux.

Sa tête était énorme, ronde ; et, formant deux prodi-
gieuses proéminences au front et à l'occiput, elle se

rétrécissait singulièrement à partir des tempes, pour finir en un menton étroit et presque en pointe.

Sur le crâne, au-dessus d'un front très-dégagé, peu de cheveux ; au-dessous du front et sous une arcade sourcilière très-profonde et très-accentuée, un œil gris, petit, vif, instable.

Puis, un nez à l'arête saillante, recourbé un peu du bout, aux narines dilatées. Au-dessous, une bouche incolore, presque sans lèvres, et dont la mâchoire inférieure avançait.

De chaque côté de la boîte osseuse, deux oreilles minces, roses, aristocratiques comme celles d'une femme.

Physionomie étrange ; mobile surtout !

Les sourcils froncés, les yeux brillants et les narines dilatées, le commis ressemblait à une bête fauve ; alors sa bouche s'ouvrait, et sa mâchoire inférieure allait frapper d'un coup sec les dents supérieures.

Parfois, les sourcils se relevaient, les yeux semblaient repoussés presque à fleur de tête, les narines se resserraient, et des apparences lippues se voyaient sur la raie pâle et mince qui servait de bouche au commis.

En ce cas, le jeune marin avait cet air niais et insignifiant, commun à tous les employés qui passent leur vie dans les bureaux, sans savoir le pourquoi, ni le comment.

Parfois encore, l'œil gris s'éteignait, et le nez se rétrécissant, s'abaissait comme un éteignoir sur la bouche crispée.

Le commis, alors, paraissait plongé dans une profonde méditation.

Mais toujours, et quelle que fût l'expression de sa figure, Papavoine, représentait, au plus haut degré, le type de la politesse, de la froideur et de la rectitude.

En effet, depuis qu'il appartenait à la marine, le commis aux vivres avait toujours été regardé, par ses chefs comme un subordonné peu sympathique et d'un abord presque répulsif; mais en revanche, rempli de capacité, de probité et de zèle.

Papavoine était-il, réellement, aussi froid, aussi anguleux qu'il paraissait l'être?... Ou bien, sa froideur, sa politesse étaient-elles seulement un masque sous lequel il dissimulait les plus bouillantes, disons mieux, les plus effroyables passions?

C'est ce que l'on ne pouvait réellement affirmer.

En arrivant dans sa cabine, le jeune homme s'était donc plongé dans de profondes réflexions.

Tout à coup, un bruit sourd, semblable à celui d'un roulement, se fit entendre au-dessus de sa tête.

— Ah! dit-il; il est temps, partons!...

Il se leva, plaça un pistolet armé dans sa ceinture, s'élança d'un bond dans la batterie.

A ce moment, *la Cavalière*, tout entière, s'animait comme un cheval qui va s'élancer au combat, reculait pour prendre son élan.

— Feu !... criait la voix vibrante du commandant Gabord.

Et trente détonations, éclatant à la fois, firent tressaillir dans toute sa membrure le hardi navire.

Puis, un silence de mort succéda à cette irruption volcanique...

— Est-ce fini ?... s'écria Papavoine avec angoisse.

Et, avec une avidité féroce, il se précipita vers un sabord entr'ouvert.

Mais la nuit était sombre, l'employé ne vit rien et n'entendit que le bruit de la vague sur le bordage du vaisseau.

II

FRANÇAIS ET ANGLAIS

Cependant *la Cavalière* n'était pas hors de danger.

Quatre vaisseaux ennemis étaient là, dans l'ombre, qui manœuvraient de façon à l'entourer.

En vain, grâce à une évolution savante et hardie, le commandant Gabord avait coulé le navire anglais qui marchait en tête ; cette victoire n'avait fait que rendre sa position plus critique.

Le feu de sa bordée avait révélé, au commandant de l'escadre anglaise, la situation de la frégate dont il avait reconnu la marche supérieure.

Attaquer le navire français, en lui appuyant la chasse

L'Abordage.

avec les quatre navires réunis, était chose impossible ; les anglais ayant chacun une allure différente.

Car, alors, le commandant Gabord, usant du stratagème du Romain Horace, eût profité du moment où ses ennemis auraient été séparés, pour revenir sur eux et les accabler l'un après l'autre.

Chacun des vaisseaux anglais était pourtant d'une force supérieure à celle de la frégate française ; mais l'amiral britannique connaissait, par expérience, la fougue et l'impétuosité de nos marins ; il redoutait un abordage de nuit.

Après son premier exploit, — exploit qui n'avait pas ensanglanté le pont de la frégate, au grand regret de Papavoine, — le commandant avait fait de nouveau éteindre les feux, tout en ordonnant à ses hommes de ne pas quitter leur poste.

Il s'attendait à être poursuivi.

Malheureusement, il n'en fut rien.

De son banc de quart, avec sa lunette de nuit, le vieux loup de mer put voir la ligne des Anglais se modifier.

Bientôt, les deux navires qui marchaient en queue, virèrent de bord et gagnèrent le large, chacun dans une direction différente.

En même temps, les deux premiers continuèrent à avancer sur une ligne parallèle, de telle sorte qu'aucun navire ne pouvait passer, soit au milieu, soit à côté d'eux, sans subir le combat.

— Mille sabords ! s'écria-t-il, en jetant avec rage sa lunette sur le pont, nous allons être cernés !...

— Cernés ! répéta le lieutenant.

— Oui, à moins que nous n'allions nous jeter sur les deux vaisseaux qui s'avancent...

— Mais, objecta le lieutenant, n'y a-t-il pas moyen d'éviter un combat aussi inégal ?... Gagnons le large.

— Impossible ; le circuit décrit par les deux anglais est trop considérable.

— Alors, que faire ?

— Affronter les deux navires qui cinglent droit sur nous !

— C'est mon avis ; mieux vaut deux ennemis que quatre.

— Alors, haut le pavillon, et les fanaux sur le pont !... commanda le capitaine.

En un clin d'œil, *la Cavalière*, si sombre jusque-là, s'illumina de la quille à la flamme.

— Bon! voilà les lampions qui s'allument, fit le père Ladrisse ; le bal va commencer.

— Père, dit *Fil-de-Grelin*, en tirant le vieux gabier par sa manche, tes recommandations ?...

— Comme toujours, répondit le matelot en passant à sa ceinture une hache d'abordage ; ne pas quitter le capitaine !

— Bien, père.

Et comme l'enfant s'éloignait stoïquement, le vieux

matelot essuya une larme, qui glissait furtivement sur ses joues hâlées.

— Jean, murmura-t-il d'une voix émue.

Le mousse, d'un bond, se précipita dans les bras du gabier.

Ce dernier le couvrit de baisers ardents; puis, le repoussant avec brusquerie.

— A ton poste, moussaillon !... dit-il d'une voix rude, ou gare à la garcette !

Cette scène touchante avait passé presque inaperçue, au milieu du va-et-vient de tout l'équipage.

Seul, un homme l'avait observée.

C'était Papavoine.

Appuyé contre le grand mât, le misanthrope avait assisté aux embrassements du père et du fils.

A ce spectacle, son front s'était assombri; un sourire affreux de jalousie avait contracté sa bouche.

— Et moi aussi, gronda-t-il, dans quelques années j'aurais pu avoir un fils, brave comme cet enfant !.... Et rien ? rien que la fatalité !...

La frégate s'avançait fièrement, lumineuse et hardie, au milieu des obscurités de la mer.

En la voyant ainsi marcher bravement, les deux Anglais avaient diminué leur distance, mais en se tenant toujours de manière à mettre les Français entre deux feux.

La même activité que dans la frégate, du reste, régnait à bord des vaisseaux de la Grande-Bretagne.

Là aussi, chacun était à son poste de combat, prêt à vendre chèrement sa vie.

La distance qui séparait les ennemis diminua donc rapidement.

Lorsqu'on fut à portée de canon, un canot se détacha d'un des vaisseaux anglais, qui se mit en panne.

— Tiens, fit le commandant Gabord, est-ce que les *goddems* voudraient se rendre ?

— Allons donc, capitaine ! railla Ladrisse ; ils sont quatre fois plus nombreux que nous ; s'ils n'étaient que deux contre un, je ne dis pas !

— Nous verrons bien ; car ils accostent...

Le vieux loup de mer finissait à peine ces paroles, qu'un officier anglais mettait le pied sur le pont et s'avançait, chapeau bas, vers le banc de quart.

— Que désirez-vous, monsieur ? demanda Gabord, en se découvrant à son tour.

— Je viens vous proposer d'éviter un combat inégal.

— Inégal, monsieur !... Et en quoi, s'il vous plaît ?...

D'un geste l'Anglais montra les deux navires.

— Oh ! ils étaient cinq tout à l'heure, ricana Ladrise, et cela ne vous a pas empêchés de...

— Silence ! cria le commandant, qui ajouta, en se retournant vers le marin anglais :

— Quelles sont vos propositions, monsieur ?

— L'amiral William, qui m'envoie, repartit l'officier, consent à vous laisser passer librement si vous lui remettez vos dépêches.

— Il est bien bon, vraiment, votre sir William !... railla le brave Gabord.

L'Anglais s'inclina gravement.

— Et, poursuivit le commandant, si je ne remets pas mes dépêches ?...

— On vous les prendra.

— Parlez-vous sérieusement ?

— Oui, et, s'il le faut, l'on coulera votre navire.

À cette affirmation, le capitaine de *la Cavalière* ne put contenir sa fureur.

— Misérable Anglais, s'écria-t-il, vous osez me proposer une lâcheté !...

— A mort, l'Anglais ! à mort, l'Anglais, hurla l'équipage.

— Paix, vous autres, ordonna le commandant, étendant la main sur la tête de l'étranger ; c'est un parlementaire, sa vie est sacrée.

— C'est vrai ! mais qu'il parte vite, alors !

— Vous le voyez, monsieur, dit le commandant à l'envoyé britannique, ces braves gens ne sont pas d'avis que je vous remette mes dépêches ; du reste, le voudrais-je, que ce serait impossible...

— Pourquoi ?

— Parce que je ne les ai plus.

— Vous ne les avez plus ?...

— Non, reprit tranquillement le commandant Gabord ; elles doivent être maintenant entre les mains du gouverneur de Saint-Domingue.

— Mais, alors, pourquoi n'êtes-vous pas resté en sûreté dans le port?

— Parce que, articula fièrement le vieux marin, mon devoir est de combattre, partout et toujours, les ennemis de mon pays.

— Mais lorsque le combat est impossible ?

— Le mot impossible n'est pas français !

— Vouloir lutter contre des forces aussi supérieures que les nôtres....

— Pourquoi pas? la vaillance française a plus d'une fois enfanté des prodiges.

L'officier anglais se découvrit et salua pour prendre congé.

Le commandant quitta son banc et l'escorta poliment jusqu'à tire-veille.

— Je regrette, monsieur, termina l'Anglais, de n'avoir d'autre perspective de rencontrer un aussi brave ennemi que mort ou sur les pontons.

— Monsieur, répliqua Gabord, la hache qui doit m'abattre n'est pas encore trempée; quand aux pontons...

— Eh bien ?

— Rappelez-vous *l'Orient*, à Aboukir !

Rien ne saurait peindre l'enthousiasme avec lequel les réponses du commandant furent accueillies par l'équipage français.

Ce fut une joie, un délire inexprimables ; tous les matelots chantaient et dansaient comme s'ils étaient ivres.

Et, cependant, la mer était là, qui allait les moissonner.

Un roulement de tambour rétablit le silence.

—La barre au vent!... commanda Gabord.

La frégate accéléra son allure.

On était assez près pour distinguer les soldats sur le pont des deux vaisseaux anglais.

— Feu! tribord! cria la voix tonnante du commandant.

La Cavalière vomit une bordée; l'ouragan de fer abattit le grand mât d'un des navires anglais.

— Eteignez! ordonna le capitaine.

Immédiatement la frégate ne fut plus qu'un point sombre sur les flots.

Mesure prudente, car l'anglais rispotant, envoya une bordée qui passa par-dessus la mâture.

—Virez et feu tribord! cria le capitaine.

Une seconde détonation ébranla les flancs de la frégate.

En même temps, les fanaux reparaissaient sur le pont.

Grâce à sa manœuvre habile, Gabord croyait avoir démâté ses deux ennemis.

Malheureusement, la seconde bordée avait été mal pointée et l'anglais n'avait reçu aucune avarie.

De plus, par une fausse manœuvre, la frégate présentait à l'ennemi un de ses flancs dont les batteries n'avaient pas encore été rechargées.

Les deux navires étaient à peine à portée de pistolet.

L'abordage était inévitable.

— Feu! cria le commandant Gabord avec fureur.

Une énorme détonation lui répondit, et, cette fois, la frégate française fut ensanglantée.

L'anglais valide venait de lancer sur *la Cavalière* une bordée à mitraille.

Pendant ce temps, le premier navire démâté s'était rapproché et recommençait son feu.

Pris entre deux ennemis, les Français devaient se rendre ou couler.

Mais, personne n'y songeait.

Loin de là, les matelots, en furie, s'étaient élancés dans la mâture, d'où ils faisaient pleuvoir, sur l'anglais, une grêle de balles.

D'autres, le pistolet au poing et le sabre aux dents, se préparaient à s'élancer sur le pont ennemi.

Seul, Papavoine, pâle et tremblant, rampait sur le pont, à travers le sang et les cadavres.

A chaque nouvelle détonation, le commis se laissait tomber en poussant un cri rauque; puis, se relevant brusquement, il poursuivait sa marche vers le panneau donnant accès dans l'intérieur du navire.

Le *Riz-pain-sel* avait peur, évidemment; cependant, il n'avait l'air de s'éloigner du théâtre du carnage qu'avec une peine extrême.

On eût dit que l'odeur du sang l'attirait.

Enfin Papavoine parvint à traverser le pont sans accident.

Arrivé au bord de l'escalier, il jeta un regard louche autour de lui !

S'ils allaient faire sauter le navire !... se dit-il à lui-même. Oh ! le destin ne peut vouloir ce sinistre !... La fatalité n'a pas dit son dernier mot sur moi.

Et il continua à descendre.

Puis une force invincible sembla l'attirer vers le pont ; il remonta...

Il faut que je les voie encore s'entre-tuer, murmura-t-il.

Le commis allait s'élancer, quand, tout à coup, il fut brusquement repoussé et roula, presque jusqu'en bas, devant sa cabine.

C'était le lieutenant blessé, que l'on descendait dans l'entre-pont.

— Les brutes ! gronda sourdement Papavoine ; puissent-ils être tous égorgés !

A ce moment, le canon se tut et l'on n'entendait plus que le crépitement de la fusillade.

La Cavalière était accrochée entre les deux navires anglais.

Il y eut un instant solennel.

Des deux côtés, par un tacite accord, le combat s'arrêta.

Debout sur son banc de quart, ayant à ses pieds Ladrisse et *Fil-de-Grelin*, le commandant Gabord donnait ses ordres avec un rare sang-froid.

De chaque côté des bordages, l'équipage de *la Cava-lière*, réduit de moitié, était prêt à s'élancer.

Deux cents hommes à peu près allaient en affronter plus de mille.

— A l'abordage!... ordonna le capitaine Gabord.

Un cri immense de : vive la France! retentit.

Puis, la fusillade recommença, et le pont de *la Cava-lière* demeura désert.

Il n'y eut bientôt plus, dans le navire, que les chi-rurgiens, les malades et Papavoine.

— Enfin ils sont donc anéantis !... fit ce dernier avec un sourire satanique.

Alors il gagna le fond de cale, où il se munit d'une pompe portative et de deux grands baquets pleins d'eau.

Ceci fait, le commis aux vivres se rendit devant la sainte-barbe, dont la porte était ouverte, et là, il se mit à remplir le récipient de sa pompe.

Mais, la quantité d'eau qu'il avait apportée était in-suffisante.

Il prêta l'oreille...

Le combat continuait, jetant dans l'obscurité de la nuit, ses rauques hurlements et ses détonations écla-tantes.

— J'ai le temps de finir mon œuvre de destruction, se dit-il.

Papavoine remonta lentement avec ses deux seaux vides.

— Et ce chef maudit qui veut faire sauter le navire !

murmura-t-il d'un ton fébrile. Oh! je ne puis mourir sans vengeance! moi, le paria de la nature!... Qu'ils meurent tous ou qu'ils soient déshonorés.

Et le commis, reprenant ses deux seaux, se leva pour retourner à la sainte-barbe.

A ce moment, une agitation extraordinaire se manifesta sur le pont de *la Cavalière*. Anglais et Français s'y précipitaient en foule.

— Au feu! au feu! criait-on.

Bientôt une lueur immense éclaira les profondeurs dans lesquelles le monomane était en train d'accomplir son horrible dessein.

A ce moment, Papavoine sentit un mouvement de recul, auquel succéda un balancement.

— Que signifie?.. Je suis perdu, se dit-il avec terreur.

Toutefois, sur le pont du navire français, le combat continuait avec acharnement.

Du brillant équipage que nous avons vu, quelques heures auparavant, réclamer le combat avec tant d'enthousiasme, cinquante hommes restaient à peine...

Presque tous blessés, ils entouraient, près du grand mât, leur capitaine, couvert de sang et de blessures.

— Rendez-vous! disait l'officier anglais, venu en parlementaire.

— Jamais! plutôt mourir.

— Regardez!

Et il montrait à Gabord le yacht britannique, remplaçant le drapeau tricolore; puis les marins anglais, manœuvrant pour éloigner, au plus vite, la frégate des deux navires en feu.

— Vous êtes mes prisonniers! accentua-t-il.

— Pas encore! fit le vaillant chef français.

— Ladrisse présent, capitaine!

Le commandant dit quelques mots à l'oreille du vieux gabier.

Alors, la petite troupe, la pique et la hache à la main, fit un mouvement de recul jusqu'au panneau.

Ce mouvement s'était effectué d'une façon si rapide, que les Anglais n'avaient pas eu le temps de s'opposer à son exécution.

— Feu! commanda l'officier.

Quatre Français tombèrent.

Gabord eut un étrange sourire.

A ce moment, Papavoine accomplissait la plus horrible lâcheté qu'un Français pût commettre...

Un homme survint, c'était Ladrisse.

— Misérable! s'écria le gabier en levant son poignard.

L'imminence du danger développant, chez le commis, un courage instinctif, il sauta à la gorge de son adversaire et l'étreignit violemment.

Sous cette pression imprévue, Ladrisse, déjà affaibli par de nombreuses blessures, tomba évanoui.

— Je suis maître du terrain, fit l'employé de marine! A l'œuvre.

Au moment où Papavoine reprenait sa pompe, pour

lancer un jet d'eau sur la poudre, Guillaume, qui avait repris connaissance, se jeta de nouveau sur le commis et, l'étreignant, le mit dans l'impossibilité d'agir.

— A moi ! s'écria Ladrisse.

Au même instant, une masse d'hommes se précipita près du gabier.

C'était tout ce qui restait des défenseurs de *la Cavalière*.

Les braves se groupèrent devant la sainte-barbe.

— Bas les armes ! ordonna le commandant Gabord.

— Enfin, vous vous rendez donc ! fit l'officier anglais.

— Je dis, railla le commandant français, je dis : bas les armes !... Seulement, c'est à vous que je m'adresse...

— A moi ?

— Oui ! reprit avec énergie le valeureux marin ; bas les armes ou nous sautons tous ! Attention, Ladrisse !

. . . .

Quelques heures après cette scène héroïque, *la Cavalière*, montée par quarante-six Français blessés, et portant près de huit cents Anglais, prisonniers sur parole, faisait son entrée dans le port de Saint-Domingue.

Tout une population acclamait les vaillants débris du sublime équipage de *la Cavalière*.

Mais, les survivants étaient tristes et radieux à la fois :

Tristes de la mort de leurs camarades.

Radieux de voir encore le drapeau tricolore triompher du Léopard.

Pendant que chacun mettait pied à terre, Papavoine s'enfermait dans sa cabine.

— Les imbéciles, pensait-il ; ils m'ont pardonné !... et cela pour ne pas souiller, disaient-ils, l'honneur du pavillon français !... Mais, je me vengerai !... Édouard, Angèle !... oh ! vous payerez pour tous !...

III

LES TORTURES DU CŒUR

Quelques années avant les faits que nous venons de rapporter, dans la rue des Calfats, à Brest, un jeune homme de vingt ans, qu'à sa casquette galonnée, on reconnaissait pour un employé de l'administration de la marine, se promenait devant une maison de modeste apparence.

Il était neuf heures du soir ; — novembre achevait son cours brumeux.

Malgré l'heure avancée, malgré un vent glacial qui venait de la mer, ce jeune homme marchait lentement ; s'arrêtant, de temps à autre, pour essuyer de grosses gouttes de sueur perlant sur son visage.

De sa poitrine oppressée, s'échappaient des sanglots étouffés.

— Oh ! mon Dieu, murmurait-il en froissant avec

rage une lettre ; serait-il vrai qu'Angèle en aime un autre ? Mais c'est impossible ! Angèle si pure, si fraîche, ne saurait me tromper !... Et puis, ce soir encore, elle

Seul, un homme semblait ne pas partager la joie commune.

écoutait avec joie nos projets de bonheur !... Non, je ne dois pas douter d'elle ! car ce serait douter de la vertu des anges.

Et le jeune amoureux, jetant un dernier regard vers le toit qui abritait sa fiancée, s'éloigna dans la direction de la rue de l'Amirauté.

Papavoine s'empara de la lettre d'Édouard. (Page 46.)

A ce moment, l'horloge voisine sonnait neuf heures et demie.

— Allons ! dit-il avec un accent rempli d'espérance, j'étais fou ! on a voulu se jouer de moi. D'ailleurs, le rendez-vous m'était indiqué pour neuf heures, et la demie vient de sonner.

Sur cette conclusion, l'employé jeta involontairement un coup d'œil vers la demeure de sa bien-aimée...

Un rayon de lumière filtra à travers les fenêtres, sombres jusque-là, du premier étage de la maison.

— Grand Dieu ! s'écria-t-il en se blotissant dans l'embrasure de la porte d'une maison voisine.

De son poste d'observation, le jeune homme vit les fenêtres de sa belle s'entr'ouvrir doucement ; puis un sifflement aigu, rapide, traversa les airs, la lumière s'éteignit.

Trois modulations répondirent à ce signal ; ensuite, tout rentra dans le silence.

Bientôt après, un nouveau sifflement se fit entendre.
— Point de réponse, cette fois.

Seulement, venant du côté du port, des pas rapides retentirent.

Dans l'embrasure de sa porte, l'employé ne respirait plus ; il attendait anxieux et tremblant.

— Angèle ! murmura-t-il.

Et, de sa main crispée, il labourait sa poitrine.

Cependant le bruit de pas se rapprocha de plus en plus... une ombre fut aperçue, rasant les maisons.

La lumière reparut dans la chambre d'Angèle ; —

l'ombre s'était arrêtée sous les fenêtres de la jeune femme.

De son observatoire, le jaloux vit une délicieuse forme blanche se pencher sur la rue, et en même temps il entendit une voix douce murmurer :

— C'est toi, Édouard ?

— Oui, c'est moi...

La lumière disparut pour la seconde fois, et le jeune employé de marine perçut le bruit d'une porte qui glissait doucement sur ses gonds.

Édouard et Angèle étaient l'un près de l'autre.

L'amant trompé s'élança ; mais une force invincible le contint.

— Attendons, dit-il avec une affreuse ironie.

D'un œil ardent, il contempla les deux amoureux qui causaient à voix basse.

— Pourquoi ainsi m'avoir fait attendre le signal accoutumé ? murmura Édouard d'un ton de doux reproche.

— On nous épiait, répondit Angèle.

— Qui donc ose remplir ici l'office d'espion ? exclama le jeune homme.

— Allons ! ne vous fâchez pas, monsieur l'enseigne, fit Angèle avec une adorable moue, on vous dira tout plus tard.

— Je veux savoir de suite la vérité, reprit impérativement le marin.

— Je ne puis prononcer devant vous ce nom... que votre cœur a déjà deviné.

— Oui !... je comprends ! c'est ce misérable Papavoine !

— Calme-toi, ami ; tu sais bien que je ne l'aime pas, que je ne puis l'aimer.

Papavoine, car c'était lui, poussa un rugissement sourd.

Angèle rapprocha son visage de celui de l'enseigne.

— Édouard, dit-elle d'une voix émue, je fais mal en t'écoutant ; toi, dont je ne connais pas même le nom...

— Enfant !.... n'as-tu pas confiance en moi ?.... cette épaulette, ce glorieux uniforme de marin français ne te sont-ils pas de sûrs garants de ma loyauté ?...

Le commis ne put contenir plus longtemps la rage qui débordait de son cœur.

Comme un tigre prêt à bondir sur sa proie, il rampait dans l'ombre, un poignard à la main...

En proie à leur extase amoureuse, les deux jeunes gens ne voyaient rien.

— Angèle !... soupirait Édouard, je pars cette nuit... un baiser d'adieu, je t'en supplie !...

— Cher Édouard ! fit la jeune fille en avançant la tête pour recevoir le baiser d'amour.

Tout à coup, une ombre menaçante surgit entre les deux jeunes gens.

— Papavoine ! s'écria la jeune fille, tombant évanouie.

— Lui !... exclama Édouard ; je vais donc pouvoir me venger.

Une arme brillait dans la main du fiancé d'Angèle.

Le jeune officier, tirant son poignard, se mit en mesure de livrer combat à son rival.

Papavoine s'élança l'arme levée...

En vain l'amant d'Angèle essaya-t-il d'esquiver le choc...

Un cri de rage sortit de ses lèvres ; le fer de son adversaire venait de lui déchirer l'épaule.

— A toi !... cria-t-il à son tour.

Et d'un bond il se précipita sur son ennemi, qu'il renversa et auquel il mit le genou sur la poitrine.

Tu vas mourir ! affirma le marin.

Le poignard allait disparaître dans la gorge du commis, lorsque tout à coup Édouard disparut furtivement dans la direction du port.

Le canon de partance venait de donner son signal.

— Oh !... je te retrouverai, fût-ce au bout du monde, menaça Papavoine, se relevant.

Mais, au bruit de la lutte, la rue des Calfats s'était subitement éclairée.

— Qu'y a-t-il? demanda-t-on de toutes parts.

— Ce n'est rien ! répondit Papavoine !... une simple rixe avec un drôle...

Et , sans prêter l'oreille aux appréciations de chacun, il entra brusquement chez son futur beau-père.

— Ah çà! mon gendre, fit ce dernier, m'expliquerez-vous votre conduite de ce soir?

— Vous savez donc?...

— Oui!... Mais, pourquoi ce rendez-vous mystérieux avec ma fille, lorsque la maison vous est ouverte?

— C'est un secret que vous connaîtrez plus tard, répondit le commis en montant dans la chambre de sa fiancée.

La jeune fille était couchée.

Sa mère veillait à son chevet.

A la vue de Papavoine, Angèle ne put retenir un cri de terreur.

— Lui!... fit-elle.

L'employé de marine sentit comme une bouffée de haine envahir son âme!...

Mais calmant son effervescence, et changeant en un sourire doucereux le *rictus* qui contractait sa lèvre.

— J'ai voulu chère Angèle, dit-il, vous rassurer sur l'issue de ma lutte avec cet officier. Heureusement, il ne m'a fait aucun mal.

— Croyez, reprit Angèle d'un ton ironique, que je suis heureuse de voir votre courage couronné de succès...

Papavoine, s'approchant de sa fiancée, lui dit à voix basse:

— Je tuerai celui que vous aimez!...

Puis, reprenant son ton habituel.

— Vous permettez, mesdames, dit-il, que je vous fasse

mes adieux ; je pars pour un voyage de quelque temps, peut-être !...

— Croyez, reprit la mère d'Angèle, que nous ferons des vœux pour que vous nous reveniez bientôt heureux et satisfait !...

— Oui, je reviendrai !... fit l'employé de marine en s'inclinant ! Au revoir, Angèle !... au revoir !...

Sur ces mots, le jeune homme quitta brusquement le domicile de sa fiancée, et regagna le logement qu'il habitait près des bureaux de l'Amirauté.

Dès qu'il fut seul, Papavoine tomba dans un état de prostration difficile à décrire.

Un combat terrible se livrait en lui !... Il luttait contre le démon de la haine, qui agitait son âme.

Car, disons-le, Papavoine n'était pas encore l'être envieux et étrange que nous avons vu à bord de *la Cavalière.*

Aucune ride ne sillonnait son front.

Seulement les larmes de l'amour froissé avaient flétri les couleurs de la puberté naissante.

Sur son front pur, un pli s'était tracé.

Ses yeux, à fleur de tête, s'étaient encadrés sous la voûte sourcilière, et le carmin de ses jeunes lèvres avait disparu sous une teinte douteuse.

On voyait que, chez ce jeune homme, toute la vitalité avait quitté les extrémités, pour refluer vers le cœur et se concentrer au cerveau.

Tristes effets de la douleur, qui, en un instant, fait

d'un adolescent un vieillard, et tourne vers la haine une nature créée peut-être pour être tout amour et toute bonté.

Papavoine, à son début dans la vie, venait d'être assailli par un de ces coups auxquels souvent l'homme éprouvé par les vicissitudes humaines ne peut résister.

Cependant il y eut lutte dans cette vigoureuse organisation, qui se désagrégeait sous l'oppression d'un amour malheureux.

Donc, en proie au délire d'un cerveau excité par la passion, le jeune commis passait de la douleur à la colère, de la haine à l'amour....

— Non, il n'y aura jamais de bonheur pour moi sur cette terre, s'écria-t-il. Enfant, j'ai été maudit par ma mère!... Homme, j'ai été trompé par celle que j'aimais!... Mais alors, que me reste-t-il donc, la vengeance!... J'aurais cependant pu aimer!... Oh! ma mère! pourquoi m'avoir fait douter au début de ma vie!...

Puis, le jeune extatique revoyait Mouy, la petite ville ouvrière du département de l'Aisne, où il était né en 1783; la fabrique de drap de son père, avec les hautes cheminées fumantes, et les grandes cours où il avait joué enfant. Il se retrouvait enfant à l'école avec ses camarades, disputant, par un travail assidu, les palmes que d'autres obtenaient par la faveur.

Alors, des larmes de souvenir revenaient mouiller les yeux du jeune employé, et il s'écriait :

— Ah ! je suis un maudit de Dieu et des hommes...

— Et cependant, se disait-il, j'ai eu aussi mes jours de bonheur et de joie.

A ces pensées, il se voyait jeune, plein d'espoir, arrivant à Brest pour entreprendre sa carrière.

Il se rappelait les compliments de ses chefs, lorsqu'il avait passé ses examens d'admission; la rencontre d'Angèle, la joie des parents de celle-ci en retrouvant, dans le fiancé de leur fille, l'enfant d'un de leurs plus chers amis; ensuite, il se répétait les mots de tendresse et d'amour qu'il adressait à sa fiancée, les réponses naïves et affectueuses de celle-ci...

Et des larmes de regret et d'amour jaillissaient des paupières du désespéré.

— Fatalité! exclama-t-il, tu m'as touché de ton doigt de fer! il ne me reste donc plus qu'à mourir!...

Mais, soudain, d'autres idées envahissaient son cerveau, et un rire sinistre s'échappait de ses lèvres.

— Mourir! disait-il avec un accent sardonique, mourir, parce que l'on m'a fait souffrir! mourir, parce que l'on m'a trompé!... Allons donc!... il vaut mieux vivre pour se venger!... Ah! ils ont déchiré mon cœur et je pardonnerais! Non!... Toi, Édouard! tu mourras! et je poursuivrai les tiens de ma haine éternelle!... Toi, Angèle, toi qui m'as laissé croire au bonheur et qui as désenchanté ma vie, tu souffriras les horribles tourments que j'ai endurés!

L'instant d'après, cette surexcitation tombant, Papavoine fondait en larmes.

Toute la nuit, pour le jeune amoureux, se passa dans des alternatives de pardon et de vengeance.

Peut-être le bien allait-il triompher du mal dans cette âme exaltée.

Malheureusement, un nouveau désappointement attendait le pauvre extatique.

A son arrivée dans les bureaux, Papavoine fut accueilli par des railleries cruelles ; ses camarades avaient été instruits de son aventure de la veille.

De plus, un avancement, promis et mérité, venait d'être accordé, à son préjudice, à un jeune commis entré dans les bureaux depuis huit jours à peine.

Sous ces coups successifs du sort, l'employé, malgré son dépit intérieur, resta calme en apparence...

Tout ce qui restait de généreux en lui venait de sombrer en un instant...

Le lendemain, quand Papavoine revint à son bureau, ses camarades ne purent retenir une exclamation de surprise.

Le jeune commis avait l'apparence d'un homme de quarante ans ! ses cheveux s'étaient argentés dans la nuit...

Papavoine avait définitivement résolu de ne vivre, désormais, que pour satisfaire, contre l'humanité, un désir éternel de vengeance.

Pour arriver à son but, rien ne devait lui coûter ; ni le crime ni même l'assassinat.

Seulement, à côté de cette haine implacable pour le

monde, de cette jalousie pour le bonheur d'autrui, la Providence voulut qu'il germât un sentiment qui devait faire sa perte : l'instinct de sa propre conservation.

A partir de ce moment, le commis se sentit constamment attiré par deux courants contraires : le désir sanguinaire de faire le mal, et la peine de se trouver compromis.

Son principal but, sa principale étude, sera donc, désormais, de chercher à assouvir ses instincts féroces, sans nuire, en quoi que ce soit, à sa propre sécurité.

Nous venons d'en avoir la preuve, du reste, dans les événements qui se sont accomplis sur la frégate *la Cavalière*.

IV

LE FAUSSAIRE

Papavoine, ayant déclaré une guerre implacable à la société, se mit immédiatement à l'œuvre.

De ceux qui l'avaient blessé, les uns, ses supérieurs dans l'administration de la marine, étaient à l'abri de ses coups.

Aussi, reconnaissant son impuissance à leur égard, renonça-t-il provisoirement, de ce côté, à assouvir sa rancune.

Il fit même plus, il s'attacha à devenir un employé modèle; ce à quoi il parvint facilement, grâce à son intelligence et à ses aptitudes remarquables.

Angèle était donc la victime qui devait supporter, la première, les effets de la vengeance de l'employé.

Après quelques jours passés à méditer son plan de rancune, Papavoine reparut dans la rue des Calfats.

Les parents de la jeune fille l'accueillirent avec bienveillance et le traitèrent comme l'on traite ordinairement un gendre futur.

Le jeune homme, de son côté, se conduisit comme un amant véritablement épris.

La pauvre Angèle s'attendait à des reproches, à des récriminations... Il n'en fut rien.

Au contraire, le premier jour qu'il se trouva seul avec elle, Papavoine parla tendrement à sa fiancée.

Aurait-il tout oublié?... se dit la jeune fille avec une joie anxieuse.

Plusieurs fois, elle fit allusion à la scène qui s'était passée...

Le commis resta silencieux.

Seulement, un observateur habile aurait pu saisir, sur sa physionomie, un sourire de cruelle ironie.

Angèle, enfin, voulant s'assurer que les protestations de son fiancé étaient sincères, l'interpella ainsi :

— Ne vous souvient-il donc plus, mon ami, de cette nuit fatale ?

— Ah ! oui, répondit en souriant Papavoine ; les galanteries d'un ridicule enseigne de vaisseau ? Bast ! c'est un drôle qui ne pense seulement plus à vous !

— Vous croyez ?

— J'en suis sûr !

— Mais... moi...

— Vous ! ma belle amie, comme toutes les jeunes filles, vous avez été un moment séduite par le beau langage et l'élégant uniforme d'officier...

— Ainsi, vous croyez ?...

— Que vos yeux seuls étaient fascinés ; oui !

— Mais, si cependant... ajouta humblement la jeune fille.

— Que voulez-vous dire ?...

— Rien !... Dans huit jours, vous saurez tout.

— Eh ! ne le sais-je pas déjà maintenant ! .... ricana Papavoine, lorsque Angèle fut hors de sa présence.

— Allons ! ajouta-t-il, en se disposant à rejoindre les parents de sa fiancée, continuons notre rôle d'amoureux fasciné !... Plus tard, nous verrons !

Il était près de huit heures du soir, lorsque l'employé quitta la demeure de son futur beau-père.

Comme il sortait, un homme, se promenant, de long en large, dans la rue, s'avança à sa rencontre.

Le premier mouvement du commis fut de tirer un couteau de sa poche et de se mettre sur la défensive.

L'inconnu éclata de rire.

C'était un homme trapu et carré d'allures, dont la démarche dénotait une nature plus habituée au roulis d'un navire qu'à l'immobilité de la terre ferme.

— Rengaînez vot' joujou, mon mignon, fit le vieux loup de mer ; on ne vous fera pas de mal !...

— Que me voulez-vous ?

— Oh rien ! un petit service seulement...

— Parlez !

— Voilà, voilà ! il s'agirait de me dire où demeure une demoiselle que je vous ai souvent entendu nommer à bord...

— Mademoiselle Angèle ! fit le commis avec anxiété.

— C'est parfaitement nommé... Mais, j'y songe, puisque vous connaissez la jeune personne, ne pourriez-vous vous charger de lui remettre ce message ?... C'est je crois, d'un amoureux, ajouta, confidentiellement, le loup de mer.

— Donnez, fit vivement Papavoine ; avant une heure, votre missive sera fidèlement remise à son adresse.

— Ah ! ma foi, merci de bon cœur, fit le marin ; ça m'abrége la besogne et me permet d'aller, avant de rendre compte au jeune enseigne, trinquer avec quelques camarades qui m'attendent au bouchon de la marine.

Et l'enfant de la mer s'éloigna en sifflant l'air : *En partant pour le Congo.*

— Une lettre de mon rival !... Ah ! c'est l'enfer qui vient à mon aide !

En parlant ainsi, Papavoine se dirigea vers la rue de l'Amirauté.

Rentré chez lui, il se hâta d'ouvrir la lettre de son rival, et lut ce qui suit :

« Mon amie, disait Édouard, j'ai à t'apprendre une

douloureuse nouvelle !... Un ordre impératif de mes chefs m'oblige à partir de suite !... Mais, rassure-toi, ma bien-aimée, mon absence ne sera pas longue !... Je viens d'être nommé lieutenant sur le vaisseau dont mon père est le capitaine. Bientôt, je serai près de toi, et, alors, je tiendrai les serments que je t'ai faits devant Dieu.

» Au revoir, amie, crois en celui qui t'aime et se dit, pour la vie, ton ÉDOUARD. »

— Pauvre femme, murmura l'employé, comme cédant à un sentiment de pitié envers Angèle, elle va bien souffrir !... Mais, lui !... reprit-il avec un accent de rage féroce ! lui, qui a brisé mon avenir !... Oh ! ma vengeance sera terrible !... Oui ! la vengeance est la vie de l'âme !...

Sur ces mots, Papavoine se mit à étudier la lettre de l'enseigne de vaisseau d'une façon fébrile ; puis il écrivit, en consultant chaque mot et chaque lettre de la missive amoureuse.

Au bout d'une heure, le paria social avait imité à s'y méprendre l'écriture d'Édouard.

Voici la lettre apocryphe qu'il venait d'inventer, afin de la faire remettre à Angèle comme émanant de celui qu'elle aimait.

« Rade de Dunkerque, décembre 1803.

» Mon adorée,

» Les voyages forment, tu le sais, la jeunesse, et lui donnent, pour l'âge mûr, une expérience qui doit faire tomber une à une les illusions de la vie. Aussi, cédant à la voix de la raison, je pars pour une expédition lointaine et dont la durée est sans limite appréciable. Comme, avant tout, je dois, avant de quitter la France, liquider un passé qui sera toujours cher à mon cœur, je te dégage des serments que tu m'as faits dans un moment d'ivresse amoureuse... Épouse ton fiancé ; puisse-t-il te donner un bonheur que j'eusse été heureux de partager avec toi !...

» Celui qui gardera toute sa vie un souvenir de l'ange qu'il a aimé,

« ÉDOUARD. »

— Maintenant, dit le faussaire, faisons partir ce message à son adresse.

Une demi-heure plus tard, un matelot remettait la fausse lettre à Angèle.

. . . .

Pendant ce temps, Papavoine, brisé de fatigue, s'endormait d'un sommeil agité d'horribles songes.

. . . .

Revenons rue des Calfats.

Après le départ de son fiancé, Angèle s'était réfugiée dans son appartement.

Pâle et les yeux humides de larmes, la jeune fille s'agenouilla devant un prie-Dieu, surmonté d'une statuette de la Vierge.

De son poste Papavoine poussa un rugissement sourd. (Page 36.)

— Sainte mère de Dieu, dit-elle avec un accent déchirant, venez à mon secours !... Sauvez-moi !...

Comme Angèle élevait des regards suppliants vers la statue sainte, il lui sembla voir, sur le visage sacré, une expression de sévère mépris.

— Sainte-Vierge ! s'écria-t-elle en se relevant, vous ne me trouvez donc plus digne de votre protection !... Oh ! alors, malheur à moi !...

Quelques soupirs s'échappèrent encore de la poitrine de la jeune fille ; puis ce fut tout.

Avec une énergie extraordinaire, Angèle alla prendre, dans une corbeille, un morceau de voile noir ; alors, détournant la tête, elle en couvrit la blanche image de la mère du Christ, en s'écriant :

— Pardonnez-moi ! pardonnez-moi !

Un bruit sourd retentit...

Angèle était tombée, sans connaissance, au pied de l'image chrétienne.

Lorsque la jeune fille reprit ses sens, sa mère veillait, silencieuse, à son chevet.

Angèle la regarda tendrement ; puis, elle cacha son visage dans ses mains.

— Oh ! pardonne-moi, ma mère !... Je l'aimais ! murmura-t-elle.

On ne dissimule rien à l'œil vigilant d'une mère ; c'est pourquoi la position délicate d'Angèle ne lui avait pas échappé...

La digne femme, prude comme les Bretonnes, avait d'abord été douloureusement affligée.

Mais lorsqu'elle eut versé toutes les larmes de son âme, la réflexion lui vint qu'il valait mieux réparer une faute que d'accabler celle qui l'avait commise par inexpérience... Elle songea donc, en mère prudente, au mariage de sa fille avec Papavoine; qu'elle croyait, du reste, le seul coupable.

— Te pardonner, mon enfant, fit-elle d'une voix indulgente; n'est-ce pas mon devoir de mère et de femme chrétienne ?

— Oh ! merci, merci, s'écria Angèle, en proie à une émotion invisible.

— Maintenant, il faut songer à réparer le passé, en épousant celui qui fut l'auteur de ta faute... Et si Papavoine...

— Lui !... l'épouser !... Jamais ! exclama la jeune fille.

— Mais ce n'est donc pas?... Oh ! mon Dieu !... éclairez ce dédale de honte et d'infamie.

— Pardon ! ma mère !... Pardon !...

— Je veux bien t'entourer encore de mon affection... Mais il faut me dire toute la vérité!... Je veux la savoir à l'instant même ?

— Je ne puis !... Plus tard !... Demain, lorsqu'il viendra; vous saurez tout, je vous le promets !...

— A demain, donc !...

Et la bonne mère sortit en jetant un regard d'austère tendresse sur sa fille.

. . . .

Restée seule, Angèle sentit une lueur d'espérance envahir son âme.

— Oui ! c'est cela, se dit-elle !... Demain, je lui avouerai tout !... Oh ! il demandera ma main ; car c'est un vaillant cœur !...

A ce moment, un matelot remettait à la femme de chambre d'Angèle la fausse lettre de Papavoine.

Quelques minutes plus tard, la fiancée du commis de marine lisait le message qui devait briser son âme.

. . . .

V

Par une coïncidence due au hasard, Papavoine frappait, dans le même instant, à la porte de la maison de la rue des Calfats.

Le coup de marteau retentit comme un glas funèbre dans le cœur de la jeune fille.

— Oh ! mon Dieu !... Si c'était lui !... s'écria-t-elle. Comment cacher, à cet homme que je n'aime pas, que je ne puis aimer, la honte qui couvre mon visage.

. . . .

Lorsque Papavoine entra, comme d'habitude, dans

l'appartement du père de sa fiancée, il y fut reçu avec une grande froideur.

— Ah ! c'est vous, monsieur ? fit le chef de famille.

— J'ignore, reprit le commis avec une feinte dignité, le motif d'une réception aussi brusque...

— Inutile de vouloir me tromper plus longtemps, reprit le père d'Angèle ; je sais tout !...

— Alors, vous devez comprendre que ma présence chez vous...

— Est une démarche réparatrice de la faute que vous avez commise.

— Croyez, monsieur, reprit le commis d'un ton d'ironie mordante, que mon intention est de réparer les torts qui me sont personnels...

— A cette seule condition, je pourrai peut-être vous rendre mon estime...

— En échange de la mienne, insinua Papavoine.

— Lâche ! s'écria le père de famille, tu oses m'insulter après avoir déshonoré mon enfant !...

— Est-ce donc aux coupables à insulter les innocents ! fit l'employé en lançant sur son interlocuteur un regard de haine...

— Coupable... Qu'oses-tu dire, infâme suborneur ?...

— Il a raison, mon père, dit Angèle, qui venait d'entrer sur les paroles de son fiancé ; je suis seule coupable !...

— Misérable !... tu oses encore le défendre !

Et le vieillard resta accablé par la douleur.

— Monsieur, reprit d'un ton calme le commis de marine, je désire avoir un entretien particulier avec mademoiselle Angéle ; de cet entretien, je vous le jure, doit dépendre mon bonheur et le vôtre.

— Mais, monsieur...

— Oh ! ne craignez rien, interrompit Papavoine, cet entretien aura l'honneur pour base. Croyez, du reste, que je suis prêt, de mon côté, à faire tous les sacrifices pour rendre le repos et l'honneur à celle qui a droit, sans nul doute, à notre commune indulgence.

Le vieillard se retira en proie à un morne désespoir.

Quand Papavoine et Angèle furent seuls :

— Monsieur, dit la jeune fille, je vous ai prié de venir pour vous avouer...

— Je sais tout, interrompit l'employé de marine ; j'ai tout deviné.

— Et, vous ne me méprisez pas !...

— S'il en était ainsi, serais-je près de vous !...

Angèle baissa les yeux en rougissant.

— Lorsqu'on aime avec passion, reprit Papavoine, on est toujours disposé à pardonner... Je vous aime,.. Angèle...

— Oh ! taisez-vous, monsieur !... Je ne puis...

— Oui ! votre bel officier !... ricana le commis. Oh ! rassurez-vous, il a déjà oublié, sans doute, dans les bras d'une nouvelle conquête, les serments...

— Vous êtes cruel, fit Angèle avec angoisse.

— Laissez cet homme; il n'a pas le droit de vous rendre l'honneur ; tandis que moi, jetant un voile sur un passé douloureux, je ramène le bonheur dans votre famille...

— Et... mon enfant ?

— Je lui donnerai mon nom... fit Papavoine, en proie à une vive émotion.

— Ah ! vous êtes un noble cœur !...

— Vous serez donc ma femme ?...

— Jamais !... Oh ! c'est affreux !... Être ainsi trompée par le seul homme que mon cœur puisse aimer !...

— Que voulez-vous dire ?... demanda hypocritement le commis.

Angèle ne répondit pas d'abord.

Quand elle reprit un peu de calme, la jeune fille leva les yeux sur son fiancé, qui la contemplait avec une tendre pitié ; elle lui tendit la lettre.

— Le lâche ! s'écria l'employé, après avoir simulé la lecture.

— Oh ! je suis perdue ! fit Angèle ; jamais je n'oserai reparaître devant mon père...

— Ne vous souvenez-vous donc plus de mes paroles, reprit Papavoine ; je veux rendre l'honneur à votre famille... Je veux donner un nom à votre enfant !...

— Merci, mon ami, de tant de générosité, reprit la jeune fille ; mais, je ne puis devenir votre femme !...

— Vous me haïssez donc ?...

— Non !... Seulement, mon amour appartient à

l'homme, qui le premier a fait battre mon cœur de joie et d'espérance.

Un silence glacial succéda aux paroles d'Angèle.

Puis :

— Votre devoir vous ordonne, fit le commis avec exaltation, vous impose même de me donner votre main !... Songez qu'il y va de l'honneur et, peut-être, de la vie de vos parents.

— Je ne puis vous épouser !... reprit Angèle avec force.

— Aurez-vous donc le courage d'avouer à votre famille toute l'étendue de votre faute ?...

— Grâce ! grâce !... fit la jeune fille en joignant les mains.

— Je ne vous fais aucun reproche, répondit froidement Papavoine. Je constate seulement l'impossibilité morale et matérielle de faire cet aveu.

— Vous avez raison : c'est impossible !... Mais alors, quel parti prendre ?

— Je vous l'ai dit, Angèle, le seul moyen de tout réparer est d'annoncer à vos parents que vous consentez à notre prochain mariage.

— Je ne le puis !... Édouard a reçu mes serments.

— Serments dont il se dégage lui-même le premier reprit ironiquement Papavoine.

— Oh ! vous me brisez le cœur !

— Angèle ! écoutez-moi... Je vous aime et je veux rendre à votre âme le calme et le bonheur !... Remettez-moi, pour cet officier, une lettre qui lui annonce que, prenant en sérieuse considération ses propres conseils, vous allez vous unir à un autre !...

Le ton brusque avec lequel l'employé prononça ces dernières paroles retentit douloureusement dans le cœur de la jeune fille.

Un rapide soupçon traversa son esprit.

— C'est bien, fit-elle; je vais écrire à Édouard.

Et elle se mit à l'œuvre.

En contemplant Angèle, qui traçait, les larmes aux yeux, une missive désespérée, la figure de Papavoine avait une expression satanique.

— Combien de temps faut-il pour que la réponse à cette lettre me parvienne ? interrogea la pauvre délaissée en remettant le message au commis de marine.

— Un mois, répondit le fiancé d'Angèle.

— Eh bien ! si, dans un mois, Édouard m'a dégagée de mes serments... je serai votre femme !

Papavoine s'inclina respectueusement, et, lançant sur la jeune fille un regard empreint d'amour haineux, il sortit.

. . . .

Sur l'assurance que le mariage de sa fille avec Papavoine allait avoir lieu prochainement, le père d'Angèle, consentit à recevoir le jeune homme à son foyer.

Impatient de savoir ce que contenait la lettre d'Angèle, le commis de marine, rentré chez lui, ouvrit la missive et lut :

« Mon bien aimé, je ne puis croire que ta main loyale

ait tracé les phrases qui m'ont été remises de ta part. Coupable, je vais devenir mère ; toi seul peux et dois donner un nom à l'enfant qui naîtra de notre amour. Il s'agit de la vie de mes parents, de l'honneur de ma famille... Songe que, dans un mois, si tu n'as pas scellé nos serments au pied des autels, je serai contrainte, pour ne pas être une fille dénaturée, d'épouser Papavoine : cet homme que je hais instinctivement !... Souviens-toi de notre amour... Édouard, souviens-toi de nos serments !...

» Ta femme devant Dieu : ANGÈLE. »

La lecture finie :

— Pauvre insensée, ricana Papavoine ; elle me hait et me charge d'être son messager d'amour !... Allons ! c'est l'heure d'adresser à mon rival un échantillon de mon style épistolaire.

Le vindicatif commis se mit à l'œuvre aussitôt.

« Mon cher Édouard, — disait la prétendue lettre d'Angèle, — j'ai profondément réfléchi à l'avenir qui nous attend tous deux. Un amour passager nous a réunis ; un accident sérieux de la vie doit nous séparer. Cédant aux vœux de ma famille, et pénétrée de mes devoirs de mère, je te dégage de tes serments pour l'avenir. Lorsque cette lettre te parviendra, je serai la femme d'un autre !... Tu ne dois donc, en homme loyal, jamais chercher à me revoir. Adieu !... Celle qui eût été heureuse de porter ton nom : ANGÈLE. »

Le jour même, Papavoine adressait, par la poste, cette lettre à Édouard.

Nous ne raconterons pas, jour par jour, ce que fit l'employé de marine pendant le délai fixé par Angèle.

Nous dirons seulement, qu'au fur et à mesure que le terme fatal approchait, Angèle devenait plus triste et plus pâle.

Papavoine, lui, se montrait, au contraire, plus joyeux.

Depuis longtemps, les formalités relatives au mariage avaient été remplies, et les futurs n'avaient plus qu'à se présenter devant l'officier de l'état civil et le ministre des autels.

On pense bien que l'employé n'avait pas dit un mot de son mariage à sa famille.

Néanmoins, il avait fourni à l'heure dite ses papiers parfaitement en règle.

On a déjà deviné que ces formalités s'étaient accomplies à l'aide de faux.

Le jour fixé pour la cérémonie nuptiale était le 15 janvier 1804, et le 14 au soir aucune réponse d'Édouard n'était encore arrivée.

Angèle pleurait en contemplant sa parure de mariée.

— Édouard, murmurait-elle, quelle offense t'ai-je donc faite pour m'avoir ainsi abandonnée ?

Sur ces mots, des pas retentirent dans l'escalier ; un homme entra.

C'était Papavoine.

Sous les habits de fête qu'il avait revêtus pour la cérémonie des fiançailles, sa figure, habituellement pâle, paraissait livide.

Cependant, il s'avançait le sourire aux lèvres.

— Eh bien ! Angèle, dit-il en s'inclinant pour baiser la main de sa fiancée, pourquoi ne descendez-vous pas vers vos invités ?

Au contact des lèvres de son futur, la jeune fille retira vivement sa main.

— Oh ! dit-elle, vous m'avez fait mal !...

— Assez de rêveries, reprit sarcastiquement Papavoine ; il est temps de revenir enfin à la réalité !...

— Mon Dieu, inspirez-moi ! pria, à part, Angèle.

— Mon amie, accentua Papavoine en donnant à son visage une expression de tendresse mêlée de pitié, résignez-vous... il le faut !

— Oh ! que je voudrais mourir !...

— Mourir... et votre enfant !... Le nôtre...

— Taisez-vous !... oh ! taisez-vous... exclama la jeune fille en proie à une vive émotion, vous ne pouvez, vous ne devez pas, vous, être le père de cet enfant !...

Angèle se laissa tomber en cachant son visage dans ses mains.

Papavoine, ivre de rage, balbutia sourdement :

— Et j'allais pardonner ! malédiction !...

Puis, reprenant son masque de feinte douleur.

— Angèle, ajouta-t-il, quelque souffrance qui puisse en résulter pour mon âme, je vous promets de n'être jamais pour vous que ce que vous voudrez : un époux ou un frère !...

— Vous m'aimez donc bien ?

— Assez pour passer ma vie à espérer votre amour !

Comme la jeune fiancée, rêveuse, gardait le silence, le commis de marine reprit :

— Allons ! dites que vous consentez ?

— Mais, c'est un supplice éternel que vous vous imposez !

— Éternel... croyez-vous ? insinua Papavoine avec un fin sourire.

Après un moment d'hésitation, Angèle prononça ces paroles d'un ton solennel :

— J'accepte de devenir votre épouse, devant Dieu et devant les hommes !

Un éclair de joie ineffable illumina les traits de l'employé.

— Merci, Angèle !... fit-il avec une émotion simulée.

— A demain, reprit la jeune fille d'un ton d'amicale tristesse.

— A demain, répéta Papavoine en s'inclinant avec respect.

. . . .

Le lendemain, à l'heure fixée pour la cérémonie, l'employé de marine n'avait pas encore paru dans la rue des Calfats.

Inquiet, le père d'Angèle envoya un domestique au logement de son futur gendre.

Quelques minutes après, le serviteur revint annoncer que Papavoine n'était pas rentré depuis la veille ; il était porteur d'une lettre à l'adresse du père de la fiancée.

Le chef de famille, après avoir pris connaissance de la missive, se retourna vers Angèle, et d'une voix émue par l'indignation :

— Vous ne pouvez être, dit-il, la femme d'un honnête homme... Vous êtes une fille indigne de tout pardon !...

Au même instant, un cri terrible s'échappa de la poitrine d'Angèle.

La pauvre fiancée était étendue sans connaissance sur le parquet.

Pendant qu'on s'empressait de la secourir, les invités quittaient en silence une maison déshonorée par le scandale.

VI

L'ASSASSIN DES ENFANTS

Papavoine, embarqué la veille de son mariage avec Angèle, voguait en pleine mer.

La campagne, dans laquelle il remplaçait un de ses camarades, devait durer plusieurs mois.

Ce fut donc vers la fin de 1804, que l'employé revint à Brest.

Une étrange fatalité l'attirait vers ce pays...

Son premier soin, après être débarqué, fut de s'enquérir de la famille de sa fiancée.

Le père et la mère de la jeune fille n'avaient pu survivre à leur honte ; ils étaient morts peu de temps après l'affront public qu'ils avaient reçu.

Le sévère Breton n'avait jamais pardonné à son enfant.

Quant à sa femme, comme toutes les bonnes mères, elle avait redoublé de tendresse envers la pauvre déshonorée...

Mais, hélas ! elle n'avait pas tardé, elle aussi, à rendre le dernier soupir.

Quelque temps après la mort de sa mère, dont l'affection seule la soutenait, Angèle mit au monde deux enfants jumeaux : un garçon et une fille.

Son premier mouvement, lorsqu'on lui présenta les jolis petits êtres, fut de détourner la tête avec chagrin.

Mais, presque aussitôt, l'amour maternel reprenant le dessus, elle couvrit les innocents enfants de baisers et de larmes.

— Pauvres petits anges ! dit-elle, vous n'êtes pas cause de l'abandon où m'a laissée votre père !... Vous serez ma consolation !... Oh ! je remercie Dieu qui vous a donnés à moi pour créer un but à mon existence !...

Bientôt, résignée à son malheur, Angèle s'occupa uniquement de ses enfants.

En vain on lui conseilla de les confier à une nourrice, à cause de la faiblesse de sa constitution, elle ne voulut remettre à personne le soin de remplir ses devoirs de mère.

Car, en contemplant ses petits jumeaux, elle oubliait presque son passé douloureux, et se surprenait à faire des rêves de bonheur dans l'avenir.

Malheureusement, la tendre mère ne songeait pas au misérable dont la vengeance n'était pas assouvie. Lorsque Papavoine apprit ce qui s'était passé, il dissimula, sous une apparente pitié, la joie féroce qui inondait son cœur.

— Pauvre victime de l'amour, dit-il hypocritement; j'irai lui offrir mes consolations.

— C'est bien de votre part, cela ! fit la directrice de l'hôtel dans lequel le commis était descendu. Vous êtes un noble cœur d'oublier ainsi le mal qu'on vous a fait !...

— Ne doit-on pas, sur cette terre, un généreux pardon à ceux qui vous ont offensé ?

Et Papavoine se dirigea immédiatement vers la rue des Calfats.

Arrivé devant la maison d'Angèle, il s'arrêta un moment ; puis revint sur ses pas, en poussant un profond soupir.

Heureux s'il eût suivi cette première impulsion...

Mais l'esprit du mal lui inspira une seconde résolution.

— Allons donc ! se dit-il, puisque j'ai commencé dans cette voie fatale, je dois la suivre.

Sur ces mots, il heurta à la porte.

Ce fut Angèle qui vint ouvrir.

A l'aspect de Papavoine, la jeune mère ne put dissimuler un mouvement de frayeur.

— Que voulez-vous? lui dit-elle d'un ton d'énergie sauvage.

Vous mentez, s'écria Angèle. (Page 67.)

— Ce que je veux, Angèle, fit le commis d'un ton hypocrite ; je veux vous exprimer combien je prends part à la double perte qui vous a frappée...

Malgré l'émotion factice avec laquelle ces paroles furent prononcées, Angèle en saisit l'ironie.

— Puisque vous vous intéressez tant à ce qui peut

m'arriver d'heureux ou de malheureux, répliqua-t-elle, vous prendrez sans doute part à la joie qui est venue me consoler dans mon affliction...

— Laquelle ?...

— Mon cœur, brisé par la souffrance morale, s'est retrempé dans les effluves de la maternité !... Édouard, dont l'abandon fut si cruel, a deux anges sur terre qui implorent son retour...

Au nom de son rival, Papavoine éprouva un sinistre tressaillement.

— Elle l'aime toujours, pensa-t-il !... Je ne dois pas faire grâce...

L'employé sut assez bien dissimuler les sentiments qui l'agitaient pour ne rien laisser deviner à son interlocutrice.

— Je m'incline devant votre amour maternel ? fit-il. Puissent vos enfants hériter des vertus de leur père !...

— Merci de votre souhait, monsieur, dit Angèle, blessée dans son amour de mère et d'amante.

— Mais, reprit Papavoine, puis-je les voir ces chers petits chérubins ?... Je voudrais les embrasser avant de quitter la France...

— Vous partez ? fit Angèle avez une joie contenue.

— Demain je m'embarque sur *la Cavalière!*... Et, avant de vous quitter pour toujours, je désirerais vous donner des nouvelles d'une personne...

— D'Édouard ?

— Oui, d'Édouard, qui, si je ne me trompe, doit, à cette heure, vous aimer plus que jamais.

— Il était innocent !.. Oh ! mon Dieu, mon cœur ne m'avait donc pas trompé !...

Et Angèle se jeta à genoux pour remercier l'Éternel.

Un rire sarcastique rappela à la jeune mère qu'il y avait un témoin de sa joie.

— Mais alors, reprit-elle, s'il était innocent, le coupable... c'est vous !... Et ces lettres...

— Ont été écrites par moi, conclut Papavoine. Oh ! l'écriture était parfaitement contrefaite !... Je suis très-fort en calligraphie.

— Misérable !

— Pas d'insultes !... Écoutez-moi avec calme. Voici la véritable lettre... de votre amant.

— Infâme trahison !... exclama Angèle, anéantie par cette découverte.

— Vous l'avez dit, railla Papavoine, c'est une trahison...

L'esprit de la pauvre mère se refusait à admettre la réalité.

— Non, non, dit-elle, c'est impossible ! ..

— C'est la vérité, et voici la réponse d'Édouard.

Papavoine donna à Angèle la lettre que le lecteur connaît.

La pauvre femme resta un moment anéantie ; puis, se remettant :

— Édouard me croit innocente, mon cœur me le dit !...

— Détrompez-vous ; mon habitude de contrefaire les écritures m'a permis, cette fois encore, de tromper votre amant.

— Quoi ! vous auriez osé ?...

— Répondre à Édouard en votre nom... Parfaitement... Oh ! c'était à s'y méprendre !

— Lâche ! s'écria Angèle avec désespoir. Mais, que lui avez-vous donc écrit, misérable faussaire ?

— Ce qu'il fallait pour qu'il vous oubliât à tout jamais.

— Oh ! c'est affreux !... Que vous avais-je fait pour me torturer ainsi ?

— Ce que vous m'aviez fait... Vous osez le demander !... Lorsque vous avez déchiré mon âme par vos dédains railleurs !... Désormais, Angèle, c'est, entre vous et moi, une guerre à mort !... Oh ! je me vengerai sur vous... et sur vos enfants !

— Mes enfants !... s'écria la mère, folle de terreur. Mes enfants !... Grâce ! grâce !

— Point de pardon... Ma vengeance sera implacable comme le destin !

— Craignez le courroux de Dieu, fit la jeune femme, inspirée par l'amour maternel.

— Ah ! ah ! ah ! des phrases...

— Non !... je vous en supplie... pardonnez... au nom de ce que vous avez de plus cher sur la terre... au nom du châtiment humain qui viendrait vous atteindre !...

— Tout cela est inutile ; je poursuivrai mon œuvre infernale... la fatalité le veut !...

— Auras-tu le courage, lâche assassin, de résister à ces deux innocentes créatures !... exclama Angèle, en présentant ses enfants à Papavoine.

— Oh ! ne me tentez pas !... s'écria le forcené d'une voix rauque. Un mot de plus... ils vont mourir !...

— Infâme ! ose donc les toucher !...

A ces mots, une lueur de sang passa dans le cerveau de Papavoine.

Le monstre saisit un enfant de chaque main et le jeta contre terre.

Puis, croyant les avoir tués, il s'élança sur Angèle...

Trop tard !... La pauvre mère venait de tomber foudroyée.

Elle était morte de douleur.

Soudain, la fureur de l'assassin se calma.

Il comprit que son existence était en péril, et sortit furtivement de la maison du crime.

La nuit était sombre, Papavoine ne fut vu par personne.

Le lendemain matin, il se réembarquait sur *la Cavalière.*

. . . .

Vers la fin de l'année 1805, la frégate, si vaillamment conservée par le commandant Gabord, revenait désarmer dans le port de Brest, et l'employé de la marine remettait le pied sur le théâtre de ses criminels exploits.

Ce sentiment de vengeance sociale qui torturait l'âme de Papavoine n'était pas encore complétement assouvi.

Deux personnes existaient, dont il avait juré la perte : le commandant et son fils Édouard.

Il ne devait pas, du reste, tarder à se trouver, de nouveau, en présence de son ancien rival.

En effet, près de deux années après son départ, Édouard, qui s'était illustré dans mainte glorieuse croisière, débarquait à son tour à Brest.

Le jeune lieutenant de marine était horriblement changé.

Parti plein de santé, d'amour et d'espoir, il revenait brisé, flétri par le souvenir de la trahison d'Angèle.

En débarquant, le premier soin d'Édouard fut de s'informer de celle qu'il avait tant aimée ; qu'il aimait encore... peut-être...

Sa mort lui causa une douleur inénarrable.

— Non, dit-il à son père, en lui racontant la fin fatale de sa bien-aimée, Angèle n'est pas morte coupable ; elle a été victime d'une odieuse machination !...

— Oui... et je crois connaître l'auteur de tous tes maux, insinua le commandant.

— Son nom ? fit vivement le jeune homme.

— Papavoine...

— Mais, où est-il ?

— Ici ; il vient d'entrer dans les bureaux de l'amirauté.

— Demain, j'irai lui demander des explications ! et s'il est coupable...

— Tu te battras avec lui ?

— Oui !

— C'est impossible !... Celui que ses camarades on surnommé *Riz-pain-sel* est un de ces êtres avec lesquels on ne peut croiser le fer sans se déshonorer !

— Quel crime a-t-il donc commis ?

— Pour l'honneur de la marine française, je dois me taire.

En vain Édouard insista. Le commandant Gabord garda le silence.

Le jeune lieutenant s'enveloppa de son manteau et sortit, comme la nuit tombait.

— Pauvre enfant !... pensa M. Gabord ; à peine entré dans la vie, il en connaît déjà toutes les tortures morales !... Puisse-t-il être prudent !... Mais j'y songe, je dois veiller sur lui !...

A ces mots, le commandant sortit de l'hôtel.

Revenons à Édouard.

En quittant son père, le jeune homme s'était dirigé vers le domicile de celle qu'il avait tant aimée.

Comme de coutume, la rue des Calfats était triste et obscure.

Bientôt, un bruit de pas se fit entendre du côté de la place de l'Amirauté.

Le jeune lieutenant tressaillit.

— Si c'était lui ! pensa-t-il.

Papavoine parut, en effet, et s'arrêta devant la demeure d'Angèle.

— Que vient faire cet homme ici ? murmura Édouard; observons...

Le commis, se croyant seul, se parlait à lui-même avec une certaine véhémence.

— Angèle, sois maudite ! disait-il, toi dont le souvenir fatal pèse sur mon existence !... Sois maudite, toi dont je vois le cadavre dans mes rêves !... Ah ! tu me demandes grâce pour tes enfants !... Non !... non !... ils sont morts assassinés par moi, et ma vengeance s'éteindra sur ta race infâme !...

Édouard, en entendant ces paroles impies, ne put retenir un cri d'horreur.

Mais il eut le courage d'écouter encore.

— Honte et malédiction sur la société, avec ses préjugés ridicules !... s'écria l'insensé en délire. Je jure, ici, de leur faire une guerre éternelle !..

En se retournant, Papavoine aperçut le fils du commandant, tenant un poignard à la main.

— Édouard ! exclama l'employé en tirant de sa poche un long couteau. Ah ! c'est l'enfer qui te place en face de moi !...

C'est Dieu ! riposta le lieutenant; Dieu qui veut que je délivre la terre d'un monstre tel que toi !...

Les deux adversaires s'élancèrent l'un sur l'autre.

Pendant quelques minutes, la lutte fut indécise.

Édouard gagnait du terrain... le meurtrier allait recevoir son châtiment...

Tout à coup, une ombre se jeta entre les deux combattants.

— Mon père !... s'écria le lieutenant.

Profitant du mouvement de son adversaire, Papavoine, bondit sur Édouard, et lui enfonça son couteau dans la poitrine.

Le malheureux jeune homme tomba ensanglanté.

Le meurtrier prit la fuite.

A la vue du cadavre de son fils, le vieux marin fut saisi d'une sorte de délire ; il se jeta sur le corps inanimé de celui qui était toute sa joie en ce monde, l'embrassa avec frénésie, puis, saisissant le couteau qui avait servi à frapper Édouard, il s'en perça le cœur.

A ce moment, deux personnages, munis de lanternes, arrivèrent sur le lieu du combat.

C'était Ladrisse et *Fil-de-Grelin*.

A la vue des cadavres :

— Ah ! sacrebleu ! s'écrièrent les matelots, y a donc pas de bon Dieu sur la terre pour les honnêtes gens !... En v'là d'la besogne !... Deux assassinats d'un bloc !...

— Un duel... loyal... fit Édouard, d'une voix mourante.

— Un duel ? riposta Ladrisse, et avec qui ?

— Avec... Papavoine... Ah ! mon père !...

En achevant ces mots, le jeune homme rendit le dernier soupir.

Ladrisse eut un mouvement terrible.

— Tonnerre de Brest ! s'écria-t-il, ça mérite vengeance... Gare au *Riz-pain-sel !...*

VII

LA MONOMANIE DU CRIME

Comme l'avait laissé entrevoir Édouard, en mourant, les matelots affirmèrent que le lieutenant était mort dans un duel, après avoir, par accident, tué son père !...

A cette époque, on n'était pas aussi sévère que de nos jours sur les duels ; aussi, ne rechercha-t-on pas l'auteur de celui-ci.

Donc, Papavoine ne fut nullement inquiété.

Mieux que cela, il obtint de l'avancement, et fut promu commis de seconde classe.

On lui confia même le maniement de sommes assez considérables.

Du reste, sous le rapport financier, l'employé était digne de la confiance de ses chefs ; il remplissait ses devoirs avec une exactitude rigoureuse.

Cependant, malgré la satisfaction de la vengeance accomplie, malgré la considération dont il jouissait, malgré la perspective d'une belle position, Papavoine était loin d'être heureux.

Les remords torturaient son âme !...

Aussi, très-souvent, le commis se sentait-il en proie à un sentiment étrange envers les enfants.

D'abord, il les embrassait avec frénésie ; puis, une pensée terrible s'emparant de son esprit, il les repoussait brutalement.

Un jour, Papavoine faillit, dans un accès de surexcitation cérébrale, étrangler la petite fille d'un de ses voisins.

Ce fut, à dater de ce moment, que l'on commença à douter de la rectitude de sa raison.

— Monsieur Papavoine, disaient les commères, c'est un brave homme; mais il a un coup de marteau.

En effet, les excentricités du commis laissaient supposer une altération dans ses facultés mentales.

La passion du sang, assoupie un instant, devenait plus violente en lui de jour en jour,

Papavoine assistait, avec délices, à toutes les exécutions, et, un jour, on le surprit trempant ses mains dans le sang d'un déserteur qu'on venait de fusiller.

Quand il était chez lui, l'assassin d'Édouard s'amusait à aiguiser des poignards, à charger des pistolets

Ses camarades, qui le surprirent plusieurs fois dans cette occupation, craignant un suicide, l'engageaient à renoncer à ce dessein, indigne d'un homme de cœur.

— Me tuer!... répondait-il; jamais l'idée ne m'en viendrait... Plutôt que de me détruire, je massacrerais, sans sourciller, tous mes semblables !...

— Alors, pourquoi ces armes ?

— Pour me venger...

— De qui ?

— De la société...

— Mais, répondit un jour son interlocuteur, il y a l'échafaud pour punir les assassins !

A cette menace de châtiment, la fièvre de Papavoine sembla se calmer.

. . . .

L'heure de l'expiation n'avait pas encore sonné pour l'assassin monomane.

. . . .

Jusqu'en 1823, Papavoine resta dans les bureaux à Brest ; il y parvint au grade de commis de première classe.

Malheureusement, sous l'obsession continuelle de la même pensée de mort, la folie s'était complétement infiltrée dans l'esprit de cet homme, que l'on pouvait dès lors considérer comme un problème scientifique.

Un moment, pourtant, l'instinct de la conservation eut, chez Papavoine, une réaction puissante.

Dans un intervalle de calme, il comprit que, s'il ne rompait pas complétement avec le passé, il se perdrait sans retour.

Or, son père venant de mourir, et laissant à Mouy une succession embarrassée, l'employé prit sa retraite, quitta Brest et alla vivre près de sa mère.

Tout d'abord, le soin de ses intérêts fortement compromis enraya la marche de la monomanie dans le cerveau de Papavoine.

Mais, la maladie s'aggrava bientôt, sous le coup d'un accident inattendu.

Pendant la direction de Papavoine, la fabrique tomba dans une ruine complète.

Le malheureux comptait principalement sur les fournitures faites, au ministère de la guerre, pour l'habillement des troupes ; l'administration refusa de renouveler les marchés antérieurs.

Devant la perspective d'une ruine imminente, l'esprit de Papavoine s'assombrit de nouveau.

Le fabricant fit une demande pour rentrer dans son administration ; sa demande fut repoussée.

De plus, à ses tortures morales vinrent s'ajouter de terribles souffrances physiques.

Des douleurs d'entrailles et un commencement d'asthme ne laissèrent aucun instant de repos à l'assassin-monomane. En outre, il était en proie à d'horribles visions : ses victimes défilaient sans cesse devant ses yeux, en lui reprochant ses crimes.

Son plus terrible cauchemar était celui-ci : il voyait surgir un homme pâle et sombre, qui s'avançait un poignard à la main...

A la vue de ce spectre, le meurtrier voulait crier... Mais une force inconnue arrêtait la voix dans sa gorge, et, râlant d'impuissance, il voyait s'accomplir sous ses yeux l'assassinat de plusieurs autres hommes qui lui criaient : « Lâche assassin, sois maudit ! l'échafaud va bientôt te punir de tes crimes !... »

Alors, Papavoine se réveillait en sursaut, promenant autour de lui des regards égarés.

Sous le poids de ces épouvantables rêves, le malheureux tomba dans un état de complète prostration.

Sa mère fit venir un médecin.

L'homme de l'art, — élève de Récamier, le médecin philosophe, — examina avec soin le malade, et secouant la tête d'un air sinistre :

— Cet homme est gravement atteint au moral, dit-il; je doute qu'il puisse guérir !

— Doit-il mourir ? fit la mère avec angoisse.

— De mort naturelle, non...

— Oh ! vous me rendrez mon fils; c'est mon seul appui en ce monde...

— Peut-être, conclut le docteur; mais, pour cela, il faudrait connaître la cause du mal. Laissez-moi seul avec lui.

La bonne mère sortit, en essuyant les larmes qui perlaient sur ses paupières.

Papavoine, plongé dans la torpeur, tenait un couteau dans ses mains.

— Que faites-vous ? mon ami, dit le docteur avec bonté.

— Rien !... C'est un assassin qui poursuivait deux enfants !... Oh ! le monstre; du sang !... du sang !...

— Mais cet assassin c'est vous... Regardez... ce poignard dans votre main...

Et le docteur observait le monomane.

Papavoine eut un tressaillement de terreur.

— Dans votre existence, reprit le savant, auriez-vous été témoin d'un crime ?

— Oui, répondit sourdement le meurtrier d'Angèle. Ils sont morts tous trois... la mère:.. les deux enfants.

— Mais, le meurtrier... vous le connaissez peut-être ?

A cette interrogation, Papavoine s'éloigna rapidement de son interlocuteur.

— Oh ! il doit y avoir un crime dans le passé de cet homme, pensa le médecin. Dieu veuille qu'il ne commette pas de nouveaux forfaits ! Oui... ce sont bien là les signes de Lavater... Qui sait... peut-être une victime pour l'échafaud... acheva-t-il en quittant la demeure de Papavoine.

VIII

LE GIBIER D'ÉCHAFAUD

Obéissant au besoin de déplacement que lui inspirait sa nature fiévreuse, Papavoine partit pour Paris, seule ville, disait-il à sa mère, où il put rétablir sa fortune délabrée.

A peine arrivé dans la capitale, l'assassin-monomane, étourdi par le mouvement de la Babylone moderne, sembla recouvrer un peu de calme.

Néanmoins, ses nuits étaient agitées, et les spectres de ses victimes lui apparaissaient toujours comme des ombres menaçantes.

Papavoine, sur l'indication de quelques amis, alla se

loger rue Saint-Pierre-Montmartre, à l'hôtel de *la Providence;* le registre portait son entrée à la date du 6 octobre 1824.

Les habitants de la province qui débarquent à Paris ont généralement le même désir : se débarrasser au plus vite de leurs affaires, afin de visiter les curiosités de la grande ville.

Papavoine n'échappa pas à la règle commune.

Ce fut ce qui le perdit.

Le jour même de son arrivée, après avoir visité ses correspondants, le voyageur se lança, à l'aventure, dans la capitale.

Il passait devant l'église Saint-Eustache, lorsque le son d'une voix, qu'il crut reconnaître, le fit s'arrêter subitement.

Il jeta les regards autour de lui.

Près d'un étal de boucher, sur lequel se trouvait une bouteille d'eau-de-vie et des verres, quatre hommes devisaient en trinquant.

C'étaient deux garçons bouchers et deux marins de l'État.

A leur aspect, Papavoine tressaillit et voulut s'éloigner; mais une force invincible le fit se rapprocher des matelots, dans lesquels il reconnut le père Ladrisse et *Fil-de-Grelin.*

— Pour lors donc, disait *Fil-de-Grelin* aux étaliers, figurez-vous, les enfants, qu'à l'heure qu'il est, je serais positivement un officier pavoisé !...

— C'est vrai, moussaillon, répondit le père Ladrisse, sans tenir compte des galons d'or qui luisaient sur la veste de son fils; c'est vrai, aussi vrai que tu es mon supérieur officiel, tonnerre de Brest !...

Paparoine s'enfuit de la maison d'Angèle (Page 79.)

— Parlons point de ces fariboles-là ! répliqua *Fil-de-Grelin*; nous ne sommes pas à bord, mais bien sur le plancher des génisses, et sur celui-là il n'y a pas plus de grade que sur ma main.

— L'égalité complète, quoi ? opinèrent les bouchers.

— Donc et pourquoi, reprit *Fil-de-Grelin*, je filerais *vent arrière* sur l'Océan des grades, des honneurs et autres distinctions flatteuses, sans un certain *failli chien* de *Riz-pain-sel* qui m'a rogné mon *câble*...

— Voyez-vous ça ! et comment qui s'appelait de son vrai nom, ton *Pain-de-sel ?* demanda un des étaliers.

— Il s'appelait... il s'appelait Papavoine.

— Et qu'est-ce qu'il t'a fait ce Papavoine ?

— Il a été cause de la mort de mon commandant, le vieux Gabord... un rude à poil que celui-là !

Ici les deux marins ôtèrent respectueusement leurs chapeaux de toile cirée.

— Et vous ne l'avez pas envoyé dans la chaudière de satan ? exclama l'un des bouchers.

— Non; le fils du commandant avait parlé de duel... et dame! quand il y a corps défendant, on ne peut pas se venger par l'assassinat !

— Oh ! as pas peur, petit, fit Ladrisse, tôt ou tard la justice de Dieu atteindra le gredin.

— Peut-être bien la justice des hommes, riposta l'un des étaliers.

— Pour ce qu'est de ça, je verrais le brigand monter sur l'échafaud, que je ne sourcillerais pas d'une miette.

A ce moment, le vieux marin aperçut Papavoine.

— Tonnerre de Brest ! s'écria-t-il à la vue de l'ancien commis, voilà le particulier dont nous parlons !...

Les deux bouchers demeurèrent stupéfaits.

Papavoine fixa les marins sans proférer une parole.

— Faut avouer que ce monsieur n'a pas une bonne fi-gure, grommela un des étaliers.

— Vous trouvez ? fit l'ex-commis qui s'était approché ; doit-on juger les hommes par l'extérieur, c'est l'âme qu'il faut apprécier ?

— M'est avis, reprit Ladrisse, que celle de certaines gens est aussi noire qu'un chaudron !

— Noire ou non, exclama *Fil-de-Grelin*, je vous en-gage à ne pas séjourner plus longtemps ici ; car nous pourrions ne pas être maîtres de notre ressentiment.

— Allons ! accentua Ladrisse, filez en deux temps quatre mouvements, et que ça ne traîne pas !...

— Vous avez raison, mon vieux, dit l'un des bouchers ; il ne faut pas mêler les honnêtes gens avec le gibier d'échafaud.

— Gibier d'échafaud ! répéta Papavoine, oh ! c'est horrible !...

Et il disparut rapidement.

Cette scène imprévue donna au meurtrier d'Angèle une secousse qui accrut en lui la monomanie du crime.

Un soir, il se rendit à l'Opéra, espérant que la musique calmerait son système nerveux, profondément surexcité. Il en sortit plus exalté encore.

On avait représenté une œuvre lyrique dans laquelle certain bandit italien, devenu criminel par désespoir d'amour, poignardait la jeune fille qui l'avait trahie.

Peu à peu, Papavoine s'identifia complétement avec le héros du drame lyrique ; il applaudit à toutes les vengeances du bandit, et éclata en manifestations approbatives lorsque ce dernier accomplit son meurtre.

— Allons ! se dit-il, je ne suis pas le seul être au monde qui ait conçu une pareille vengeance !...

Vint le dernier acte de la pièce, qui concluait ainsi l'action du drame :

Au milieu d'un bois verdoyant, le bandit, surpris à l'instant où il venait d'égorger deux petits êtres inoffensifs, était arrêté par les carabiniers pontificaux.

Papavoine poussa un cri et sembla comme anéanti par une forte prostration morale.

Quand il revint à lui, le tableau avait changé, et le décor représentait une place publique avec une potence.

L'orchestre faisait entendre une musique lugubre.

Entouré de soldats, les mains enchaînées, et soutenu par un prêtre qui lui présentait le crucifix, le condamné à mort s'avançait lentement vers l'instrument du supplice.

Le bandit, d'un pas ferme, monta les degrés de l'échafaud, embrassa le Christ, puis présenta stoïquement sa tête au lacet fatal.

Le rideau tomba sur l'exécution de la justice humaine.

Cette scène produisit une telle prostration sur Papavoine, que l'on fut obligé de le prévenir que, le spectacle étant terminé, il eut à se retirer.

A la sortie du théâtre, les passants virent un homme gesticuler en s'écriant :

— Non, ce n'est pas moi !... Ne m'arrêtez pas !.. Oh !

l'échafaud... la mort ignominieuse !... Mais, pourtant, il est si doux de se venger !... D'ailleurs... les tombes sont muettes !...

Après avoir longtemps erré dans les rues, Papavoine rentra à l'hôtel de la Providence.

Sa promenade nocturne avait un peu rafraîchi ses idées et calmé son cerveau.

— J'ai tort de m'exalter ainsi, se dit-il, personne n'en veut à ma vie !...

Et il se jeta épuisé sur son lit.

Il était presque jour lorsque Papavoine se réveilla.

Mais son sommeil devait avoir été agité par d'horribles visions ; car, malgré son calme apparent, le visage de l'ancien commis de marine était plus pâle encore que de coutume.

. . . .

Ce jour-là, 10 octobre 1824, le soleil d'automne était chaud et brillant.

De toutes parts, les cloches appelaient à l'office du dimanche les âmes pieuses.

Dans la rue Montmartre, nombre de voitures découvertes conduisaient une jeunesse folâtre à la dernière fête champêtre des environs de Paris.

De son côté, Papavoine, séduit par l'attrait des derniers rayons calorifiques, résolut d'imiter les Parisiens.

Donc, vêtu d'une redingote bleue, de bas noirs, de souliers à boucles et d'un chapeau couvert d'un crêpe noir, il descendit de sa chambre, la canne à la main.

Rarement, le commis s'était senti aussi allègre.

— Allons, se dit-il, puisque tout le monde profite de ce beau jour d'automne pour prendre ses ébats à la campagne, faisons comme tout le monde !...

Et il se mit en route pour le bois de Vincennes ; — promenade très en vogue à cette époque.

La population qui fréquentait ce bois, alors comme maintenant du reste, appartenait à la classe des ouvriers, des commis, des employés et des petits industriels de Paris.

Tout en longeant la grande avenue qui conduit au bois de Vincennes, Papavoine observait avec curiosité cette foule, composée d'éléments si divers.

Déjà le promeneur approchait de la porte du bois qui donne sur la route de Paris, lorsque, tout à coup, il poussa une exclamation de surprise.

Une femme de vingt-cinq ans à peine venait du côté de Vincennes ; elle était accompagnée de deux enfants en bas âge.

— Angèle ! s'écria Papavoine stupéfait.

— Tonnerre de Brest ! fit une voix, encore le *Riz-pain-sel !*... l'oiseau de mauvais augure.

L'ex-commis, se retournant à cette exclamation, vit, à quelques pas de lui, *Fil-de-Grelin* et le vieux Ladrisse.

— Encore ces hommes !... fit-il sourdement, c'est l'enfer qui les place sur mon passage !

Et il s'élança dans le bois.

IX

L'ASSASSINAT

Cependant la jeune femme, dont la vue avait impressionné si profondément Papavoine, était entrée dans la partie du bois qui côtoie les fourrés près de l'allée des Minimes.

A l'aspect du gazon verdoyant, qui s'étendait devant eux, les deux petits garçons quittèrent la main de leur maman et allèrent prendre leurs ébats.

— Surtout ne vous éloignez pas, recommanda la prudente mère.

Les deux enfants promirent de ne pas franchir l'endroit qui leur était désigné, et reçurent chacun un tendre baiser maternel comme gage de leur promesse.

— Pauvres petits, murmura-t-elle. si votre père vous voyait si bons, si tendres, il ne pourrait refuser de vous aimer !

Puis, rêveuse, la jeune femme regarda avec émotion les deux chérubins, qui étaient sa plus tendre affection.

Sur ces entrefaites, Papavoine, en proie à une violente exaltation cérébrale, errait à travers les allées du bois.

— Angèle ! murmurait-il. Ces deux enfants !... Eux vivants ?... Oh ! il faut en finir !...

Une heure s'écoula ainsi, pendant laquelle le meurtrier monomane prémédita le crime qu'il allait accomplir.

Enfin, Papavoine s'arrêta...

Une lueur de raison sembla traverser son esprit.

— Non ! dit-il, je ne puis punir des innocents !...

Mais. la folie reprenant le dessus, le meurtrier revint vers l'endroit où se trouvait encore la jeune femme avec ses enfants.

A leur aspect, l'exalté recula d'effroi.

Il allait se replonger dans le taillis, quand il vit une seconde jeune femme, vêtue d'une robe rose, traverser à son tour la pelouse et s'arrêter auprès des deux enfants qu'elle embrassa.

Sans se rendre compte du sentiment auquel il obéissait, l'ex-commis observa anxieusement le tableau qu'il avait devant les yeux.

De son côté, la jeune mère aperçut Papavoine, dont la pâleur et le costume en désordre la frappèrent.

Sous l'empire d'un secret pressentiment, la bonne mère embrassa ses enfants avec effusion.

— Qu'avez-vous donc, vous paraissez émue ? objecta la femme vêtue de rose.

— Oh ! ce n'est rien... L'orage qui nous menace m'a inspiré quelques craintes, qui se dissiperont lorsque nous serons à l'abri.

Sur ces mots, la femme en rose salua la jeune mère et prit la direction du fort.

Au moment où elle passait près de Papavoine, ce dernier l'arrêta.

— Pardon, madame, fit-il, je voudrais vous demander un renseignement.

— Lequel, monsieur ?

— Vous connaissez cette dame que vous venez de quitter ?

— Aucunement.

— Alors, pourquoi embrassiez-vous ses enfants ?

— Parce qu'ils sont charmants et paraissent beaucoup aimer leur mère.

Et l'inconnue, sans se préoccuper davantage de l'indiscrétion de son interlocuteur, se remit en marche.

— Ce qui se passe en moi est étrange, se dit à part lui Papavoine. Il semble qu'une main invisible conduit la mienne pour commettre un meurtre... Oui, le sang de ces nouvelles victimes rafraîchira l'ardeur de mon cerveau embrasé !... Je pourrai donc goûter un peu de repos, si nécessaire à ma vie !... Oh ! ces enfants, avec leur tendresse, avec leurs baisers, ils m'ont brisé le cœur !... Est-ce qu'il y a des baisers pour moi sur cette terre ?

Le monomane resta plongé dans une sorte d'extase fantastique.

Pendant ce temps, la jeune mère, voulant décider ses enfants à quitter leurs jeux, plaisantait ainsi :

— Venez, mes amis, il faut partir de suite ; car le monsieur de tout à l'heure, à la redingote bleue, vous enlèverait !... Il tue les petits enfants !...

— Oh ! le vilain homme !... firent les bambins effrayés, en se serrant auprès de leur mère.

A cet instant, Papavoine surgit brusquement.

— Arrêtez, dit-il d'une voix sépulcrale ; votre promenade est finie... Vous allez faire le voyage de l'éternité !...

A ces mots, le meurtrier s'élança sur l'un des deux petits êtres, qu'il poignarda.

La mère voulut se jeter sur le meurtrier de son fils.

Mais, avant qu'elle eût fait un pas, son second enfant tombait ensanglanté à ses pieds.

— Au meurtre ! au secours !... s'écria la jeune femme, folle de terreur.

Papavoine, ivre de carnage, se rua sur elle comme une bête fauve.

Il allait la frapper aussi de son poignard...

Mais, se ravisant tout à coup, comme s'il eût vu un fantôme, il s'enfuit dans la direction du bois, en s'écriant :

— Grâce ! grâce ! ne m'arrêtez pas !... Je ne veux pas mourir sur l'échafaud...

Débarrassée de l'assassin, la jeune mère voulut porter secours à ses enfants...

Elle tomba évanouie au milieu d'une mare de sang.

. . . .

X

L'ARRESTATION DU MEURTRIER

Une heure après le crime de Papavoine accompli, le

bois de Vincennes était cerné par une brigade de gendarmerie, qui se livrait à une minutieuse perquisition.

Sous l'empire de la terreur, inspirée par le danger qu'il courait, s'il était arrêté, l'assassin fit tous ses efforts pour échapper aux recherches.

Efforts inutiles ; les gendarmes mirent la main sur lui, au moment où il demandait son chemin à un militaire.

— Vous vous trompez, dit-il d'un ton qui témoignait de sa profonde terreur, vous allez laisser échapper le vrai coupable.

— C'est possible ! répliqua l'homme de la loi ; en attendant, vous allez me suivre.

Sur ce, Papavoine fut conduit à Vincennes.

Mis en présence de la mère de ses victimes, il baissa la tête sans parler.

— C'est lui !... s'écria la pauvre femme, c'est le meurtrier de mes enfants !...

. . . .

La nuit s'avançait rapidement lorsque le cruel monomane reprit, les menottes aux mains et conduit par la gendarmerie, le chemin de la ville.

La physionomie de Papavoine était celle d'un homme qui n'a pas conscience de la position terrible dans laquelle il se trouve.

Mais, bientôt, à cette résignation succéda un accès de rage.

Avant d'arriver à la barrière du Trône, l'assassin

s'arrêta tout à coup, comme en proie à une vision fantastique.

— Là ! là ! s'écria-t-il, du sang !... toujours du sang !... Oh ! je suis perdu !...

A ce moment, deux personnages qui passaient, apercevant Papavoine, s'écrièrent ensemble :

— Le *Riz-pain-sel* arrêté !... Oh ! c'est la justice de Dieu qui commence.

Et les deux marins, que le lecteur a sans doute reconnus, se perdirent dans la foule.

— L'échafaud m'attend !... murmura Papavoine.

Tandis que le meurtrier monomane, amené de son cachot devant le juge d'instruction, essayait, en avouant son crime, de l'atténuer par des allégations invraisemblables, le public s'obstinait à voir, dans l'assassinat mystérieux des deux enfants, une trame politique se rattachant, par de graves intérêts, à de hauts personnages de la Restauration.

Et cependant, dès le jour même du double meurtre, on avait su que la mère des victimes était une demoiselle Hérien, fille du concierge de l'Intendance militaire ; que la femme en rose était une nommée Malservait, maîtresse d'un soldat en garnison à Vincennes, et n'ayant jamais eu le moindre rapport avec l'accusé ; enfin, que le couteau, ayant servi à l'assassinat, avait été vendu à Papavoine par une épicière de la localité.

Il n'y avait donc, dans tout cela, rien que de fort vulgaire.

Seulement, ces détails n'indiquaient pas à la justice le mobile qui avait guidé la main du criminel.

On chercha du côté de la fille Hérien.

L'instruction ne recueillit aucun indice important.

On questionna le père des deux enfants.

Cette fois encore, le parquet ne put rien constater, si ce n'est l'honorabilité de la famille Gerbod, qui fut mise hors de cause.

Le Juge d'instruction fit alors prendre des renseignements à Brest et à Mouy.

On sait que les crimes antérieurs de Papavoine étaient restés ignorés, et que l'ex-commis jouissait, dans ces deux pays, d'une réputation à l'abri de tout soupçon.

Les renseignements furent donc des plus favorables, en ce qui concernait sa moralité.

La seule chose notable que produisit l'action judiciaire, fut l'aveu du crime par son auteur.

L'instruction étant close, la Chambre des mises en accusation envoya Papavoine devant la Cour d'assises de la Seine, le 23 février 1825, comme prévenu du crime d'homicide volontaire avec préméditation.

. . . .

XI

LA COUR D'ASSISES (1)

Le procès de Papavoine avait attiré un grand concours de monde à la Cour d'assises.

Au moment où l'accusé entra dans la salle, un vif mouvement de curiosité se manifesta.

Papavoine avait un air calme, mais sombre et mélancolique ; sa mise était irréprochable.

Le greffier donna lecture de l'acte d'accusation suivant :

Le 10 octobre dernier, deux jeunes enfants, de l'âge de cinq à six ans, furent poignardés aux côtés de leur mère pendant qu'elle les promenait dans le bois de Vincennes. L'assassin fut arrêté presque sur-le-champ : c'était Louis-Auguste Papavoine.

Le prévenu, âgé de 41 ans, a reçu une éducation soignée. Fils d'un fabricant de drap, établi à Mouy, il se destina de bonne heure, à la carrière des emplois dans l'administration de la marine ; placé, en 1804, en qualité de commis extraordinaire, il fut embarqué à bord de plusieurs vaisseaux de l'État, avec lesquels il fit diverses courses maritimes ; nommé ensuite commis de deuxième classe, puis quartier-maître, puis commis de première classe, en exercice au port de Brest, ces diffé-

---

(1) Ce procès, le seul authentique qui ait été publié jusqu'à ce jour, est conforme aux actes jndiciaires du mois de février 1825. (*Note de l'Éditeur.*)

rents emplois entraînèrent, de sa part, des maniements de
fonds et une comptabilité assez étendue. On doit ajouter
qu'il les a toujours remplis avec zèle, et que ses chefs n'ont
point eu à lui reprocher d'inexactitudes. Mais en tout temps,
Papavoine s'était fait connaître comme un homme dont
les mœurs étaient peu sociables ; il fuyait, avec affecta-
tion, ses camarades ; il paraissait sombre et mélancolique ; on le voyait souvent se promener seul, et il choisissait, de préférence, les lieux solitaires ; jamais on ne
lui a connu de liaisons intimes, ni même aucune de ces
faiblesses qu'exige la fragilité humaine ; quoique, avec
juste raison, la religion et la morale les condamnent.
Jamais il ne communiquait ses pensées à autrui ; cependant, dans les rapports qu'exigeaient ses fonctions, on
avait toujours trouvé, en lui, des idées pleines de justesse
et de convenance.

Au mois de décembre 1823, le sieur Papavoine père
vint à décéder ; il avait conservé son établissement de
Mouy ; mais il laissait à sa veuve et à son fils ses affaires
commerciales dans le plus grand désordre. Cependant
Auguste Papavoine sollicita de ses chefs et obtint un
congé ; il se rendit auprès de sa mère, et, jugeant que
celle-ci serait hors d'état de continuer l'exploitation de
leur manufacture, il se détermina à demander sa retraite.
Il l'obtint, avec une pension liquidée à 360 francs. En
conséquence, Papavoine s'établit à Mouy. Jusqu'alors, la
manufacture qu'il possédait avait toujours eu le privilége de
faire des fournitures pour l'habillement des troupes ; mais,

peu de temps après, l'administration de la guerre refusa de renouveler ses marchés, et par ce refus les affaires de la famille Papavoine se trouvèrent dans une situation fort critique.

Dès ce moment, l'accusé parut se repentir d'avoir abandonné son emploi; il fit même quelques démarches pour y rentrer : ces démarches furent infructueuses. Les contrariétés qu'il éprouva dans cette occasion influèrent, à ce qu'il paraît, sur ses mœurs, au point que sa mère profita d'un prétexte pour ne plus prendre ses repas en même temps que lui, quoiqu'ils vécussent sous le même toit et au même feu. Elle fit même venir un médecin pour le consulter sur l'état mental de son fils.

Papavoine se sentant plus calme, partit pour Beauvais, où il arriva le 2 octobre ; il devait trouver dans cette ville des parents et un sieur Branche, avec lequel il avait eu des relations commerciales ; il paraît qu'il se conduisit avec ces personnes d'une manière conforme à ses habitudes. Cependant sa mère leur avait écrit quelques mots qui semblaient manifester de certaines inquiétudes, et ces personnes se sont rappelé depuis que cet homme leur avait adressé une question bizarre relativement à la mort de son oncle et de son frère, décédés depuis longtemps.

Le 3 du même mois d'octobre, et, par conséquent, le lendemain de son arrivée à Beauvais, Papavoine, qui était toujours en réclamation auprès de l'administration de la guerre pour le renouvellement de ses marchés, reçut inopinément de sa mère deux de ces marchés qui avaient été agréés par le ministère de la guerre ; mais, ces soumissions avaient besoin d'être régularisées, et il se dé-

Il lui enfonça son poignard dans la gorge.

ermina, dans cette intention, à se rendre aussitôt à Paris.

L'accusé y arriva le 5 octobre, après avoir emprunté quelque argent pour faire sa route. Papavoine emportait avec lui ceux de ses effets qu'il avait pris à Mouy pour son voyage de Beauvais, et, comme ils ne suffisaient pas pour une longue route, il écrivit à sa mère pour lui en demander d'autres. Il est à remarquer que le prévenu avait compris, parmi ses premiers effets, deux couteaux de table aiguisés et non tournants.

Le prévenu descendit à l'*Hôtel de la Providence*, situé rue Saint-Pierre-Montmartre, et il se rendit immédiatement chez des négociants honorables, ses correspondants, auxquels il remit ses nouveaux marchés, afin qu'ils les soumissent à la formalité du timbre. Depuis ce jour jusqu'au dimanche suivant, 10 octobre, il paraît qu'il vécut fort retiré ; il est constant que ce même jour, 10 octobre, l'accusé sortit après avoir fait un léger repas et se dirigea vers Vincennes.

Le même jour, presque au même instant, mais dans un autre quartier de Paris, une demoiselle Malservait marchande de modes, recevait la visite d'un sieur Fournier, avec lequel elle avait eu jadis des relations intimes.

Fournier dit à la demoiselle Malservait qu'il allait chez son frère, à Saint-Mandé. Celle-ci lui proposa de l'accompagner ; comme il ne voulait pas la conduire chez son frère, ils convinrent qu'ils partiraient de Paris ensemble, que la fille Malservait irait se promener à Vincennes pendant que Fournier irait à Alfort, et qu'ils se réjoindraient, à une heure donnée, dans un café de Vincennes qu'ils désignèrent.

D'un autre côté, également le même jour, la demoiselle Hérien, conduite par une malheureuse fatalité, se transportait aussi à Vincennes. La demoiselle Hérien, qui est âgée de 24 ans et vit chez ses parents, avait, depuis l'année 1815, fait connaissance du sieur Gerbod fils; une liaison intime s'était établie entre eux, et deux enfants du sexe masculin, âgés l'un de cinq ans, l'autre de six, en avaient été le fruit.

Gerbod fils, qui avait reconnu ces deux enfants, manifestait depuis longtemps l'intention d'épouser la demoiselle Hérien ; mais son père s'était constamment opposé à cette union. Une scène assez vive avait même eu lieu à ce sujet entre le père et le fils.

Quant aux jeunes enfants dont il a été question, ils avaient été mis en pension à Vincennes.

Or, la demoiselle Hérien, comme cela a été dit plus haut, se rendit, le dimanche 10 octobre auprès d'eux. Déjà, d'une part, Papavoine, et de l'autre la fille Malservait se dirigeaient vers le même lieu; ils s'y trouvaient donc tous les trois à dix heures.

La demoiselle Malservait entra dans la boutique de la dame Jean ; elle se fit servir un verre de liqueur ; dans le même moment, Papavoine a été vu s'arrêter devant cette boutique et suivre la demoiselle Malservait dans le bois ; il était vêtu d'un pantalon noir et d'une redingote bleue boutonnée depuis le haut jusqu'en bas.

De son côté, la demoiselle Hérien, accompagnée de ses deux enfants, se promenait dans les allées de Vincennes. La demoiselle Malservait avait rencontré la demoiselle Hérien ; elle lui demanda la permission de faire quelques caresses à ses enfants. Papavoine passa auprès d'elles, ôta son chapeau et les salua ; il continua sa route.

La demoiselle Malservait, qui se dirigeait du même côté, l'atteignit, et l'apavoine lui adressa la parole au sujet des enfants ; elle répondit également aux questions de son interlocuteur.

Papavoine s'éloigna. C'est alors, à ce qu'il paraît, qu'il conçut l'épouvantable dessein qu'il exécuta peu d'instants après. Le meurtrier se transporta dans la boutique de la dame Jean et y demanda un couteau. Cette dame n'avait que des couteaux assortis par douzaine. Papavoine ne voulait pas prendre la douzaine entière ; il obtint qu'on lui en livrât un, qui était en tout semblable de forme, de mesure et de proportion aux autres.

L'accusé retourna dans les allées du bois où les enfants se trouvaient encore ; il était alors onze heures et demie.

Papavoine aborda la demoiselle Hérien ; il avait la figure pâle, sa voix était troublée : « Votre promenade est terminée, » dit-il à la mère, et, se baissant comme pour embrasser l'un des enfants, il lui plongea son couteau dans le cœur. Aux cris de son enfant, la demoiselle Hérien frappa Papavoine avec un parapluie qu'elle tenait à la main. Le parapluie atteignit le chapeau de cet homme, et y a laissé une trace qui a été remarquée depuis.

Pendant que a malheureuse mère s'occupait de cette

première victime, le meurtrier plongea son couteau dans le cœur de l'autre enfant, s'enfuit à pas précipités et s'enfonça dans le taillis.

La demoiselle Hérien, se livrant à un horrible désespoir, appela du secours ; plusieurs personnes accoururent ; elle leur signala l'assassin par sa figure, la couleur de ses habits et par des signes non équivoques.

Quelques-uns se souvinrent de l'avoir aperçu peu de temps auparavant. On fit de vains efforts pour rappeler à la vie les malheureux enfants ; ils avaient cessé de vivre.

Aussitôt le crime connu des autorités locales, les portes du bois de Vincennes furent fermées, et la gendarmerie royale, aidée par les militaires de la garnison, se mit en devoir de fouiller le bois.

Pendant ce temps, la demoiselle Malservait était arrêtée.

L'autorité locale, poursuivant ses recherches, découvrit bientôt l'acquisition du couteau faite chez la dame Jean. Les indications fournies par cette dame sur le signalement de l'individu qui l'avait acheté, se trouvèrent d'accord à ce qu'avait déjà déclaré, à cet égard, la demoiselle Hérien. La dame Jean avait, en outre, indiqué que cet individu avait un crêpe à son chapeau, et que ce crêpe était retenu d'une manière toute particulière et avec une boucle.

Enfin, vers midi, un gendarme rencontra, dans une allée parallèle à celle où le crime avait été commis et séparée de celle-ci par un taillis considérable, un individu qui causait avec un militaire. Le signalement donné par la demoiselle Hérien s'appliquait, sous tous les rapports, à cet homme.

Le gendarme le somma de le suivre ; il ne fit aucune résistance, mais l'individu objecta, avec l'apparence du calme, qu'il n'avait rien à se reprocher et que, peut-être, son arrestation ferait perdre les traces du véritable coupable.

Cependant, le militaire qui était avec lui ayant déclaré que, quelques minutes auparavant, il était sorti du taillis et lui avait demandé les moyens de quitter Vincennes, qu'il l'avait remarqué examinant ses effets avec une grande attention, comme pour s'assurer qu'il n'y existait aucune tache, et qu'il l'avait même questionné sur le fait de savoir s'il n'avait pas la figure barbouillée ; c'en fut bien assez pour déterminer le gendarme à l'arrêter.

En conséquence, il fut conduit dans la maison où la demoiselle Hérien s'était retirée, et confronté avec cette dernière, elle s'écria au premier abord : « C'est le monstre qui a tué mes enfants ! »

La dame Jean le reconnut aussi pour lui avoir vendu le couteau dont on a parlé. Plusieurs témoins dirent également l'avoir aperçu dans les allées du bois de Vincennes peu de moments avant l'exécution du crime. L'assassin repoussa avec autant d'adresse que de calme les accusations ; il déclara se nommer Papavoine : c'était lui-même, en effet.

On s'occupa de l'autopsie des cadavres des deux enfants. Il fut reconnu que leur mort avait été le résultat instantané de coups d'un instrument tranchant dont la forme ressemblait à celle d'un couteau. La dame Jean fournit un des onze couteaux restants de la douzaine dans laquelle avait été pris celui qu'elle avait vendu à Papavoine, et ce dernier, appliqué sur les plaies, s'y adapta parfaitement.

Conduit devant M. le juge d'instruction et interrogé par ce magistrat, Papavoine chercha, dans ses réponses, à repousser l'accusation dirigée contre lui ; il combattit et s'efforça d'expliquer toutes les circonstances qui lui étaient rappelées, et sa défense prouve, non-seulement la rectitude et la clarté de ses idées, mais encore une habileté véritable et peu commune. Il suivit le même système depuis le 10 octobre, jour de son arrestation, jusqu'au 15 novembre ; mais, à cette dernière époque, accablé par l'évidence des preuves et sentant qu'il s'était, par ses dénégations absolues, frayé la plus dangereuse des routes, il prit le parti de développer, avec beaucoup d'adresse, un nouveau système de défense.

L'accusé commença par déclarer qu'il avait de grandes révélations à faire ; mais il y mit pour condition qu'il serait entendu par deux augustes princesses, dont le respect dû à leur rang ne permettait pas qu'on affligeât leurs regards de l'aspect d'un coupable aussi atroce.

Cette demande lui fut donc refusée. L'accusé la restreignit ensuite à la faveur de paraître devant une seule des deux princesses. Nouveau refus. Il se reconnut coupable de l'assassinat des deux enfants ; mais, comme si ce n'était pas assez de scélératesse, il annonça qu'il s'était trompé en donnant la mort aux deux enfants de la demoiselle Hérien, et que son intention avait été, en égorgeant les deux fils de France, de plonger sa patrie dans le désordre et l'anarchie.

Cette horrible explication, démentie par la vraisemblance et les opinions politiques de Papavoine, n'a trompé personne ; on n'a vu en elle que la base d'un nouveau système de défense adopté par l'accusé, et développé ensuite par lui avec une barbare habileté, pour donner à croire, sans doute, qu'il est atteint d'une démence furieuse.

En effet, à peu près à la même époque, il demandait à des prisonniers de lui procurer un couteau bien pointu ; il se levait pendant la nuit et feignait d'en chercher un.

Un autre jour, il tentait de mettre le feu à son lit ; enfin, le 17 novembre, étant dans la prison, l'accusé se saisit avec violence d'un couteau qui était entre les mains d'un prisonnier, et il frappa avec cette arme un jeune homme nommé Labrey, qui ne lui avait donné aucun sujet de plainte. Les personnes présentes l'empêchèrent, heureusement, de consommer ce nouveau crime, qui, cependant, a eu pour résultat des blessures assez graves.

Après avoir rendu compte des faits de cette déplorable affaire, il resterait à bien connaître les motifs, les intérêts ou les passions qui ont pu déterminer Papavoine à commettre les crimes dont il s'est souillé, et c'est ici que la tâche devient difficile.

L'accusé, ici présent, est-il le seul coupable, ou bien a-t-il des complices ou des suggesteurs, ou n'est-il qu'un instrument?

Diverses hypothèses ont dû se présenter à l'esprit, et la justice, dans sa sollicitude, les a toutes épuisées.

La cause commune des crimes est l'intérêt. Quel intérêt a-t-on pu avoir d'égorger deux pauvres enfants naturels? Si Papavoine n'est qu'un instrument mis en œuvre, est-ce la famille Gerbod (puisqu'il ne faut reculer devant aucune supposition) qui a ordonné leur mort pour empêcher un mariage qu'elle ne voulait pas?

(Ici, l'acte d'accusation examine cette hypothèse, et il conclut que la pensée du crime, non plus que l'exécution, né peuvent être attribuées à aucune des personnes de la famille Gerbod.)

Le greffier continue ainsi la lecture de l'acte accusateur:

Si Papavoine n'a pas de complices, quel a pu être, à lui-même, son propre mobile?

Il a osé s'en donner un horrible. Vaincu par les preuves et ne pouvant échapper à une funeste évidence, il a voulu décorer son forfait en le retirant de l'ignobilité de simple assassinat pour le relever jusqu'à la dignité du forfait politique.

Tout, au surplus, a démenti cette infâme explication de son forfait. Car Papavoine n'a reçu, dans son éducation, que de bons principes, et, il ne s'occupait pas de politique.

Il se ment donc aujourd'hui à lui-même ; il ment à sa probité passée, à la vérité et à la vraisemblance, en s'accusant d'opinions qu'il n'eut jamais et d'instructions qui ne sont pas, qui ne peuvent pas, d'après toutes les données humaines, être les vraies intentions du crime.

Que furent-elles donc ? et pourrait-on supposer que son action fût le résultat d'une affreuse démence ? C'est assurément ce qu'a voulu et ce que veut encore aujourd'hui faire croire Papavoine ; c'est pour faire croire à sa démence qu'il se proclame plus scélérat encore qu'il ne l'est ; c'est pour faire croire à sa démence qu'il a tenté de commettre un second meurtre, sans cause et sans intérêt.

Mais ses efforts, à cet égard, sont vains encore, et l'on n'a pu retrouver dans l'instruction aucun fait qui donnât lieu de penser que sa raison ne soit, en général dans la mesure de celle des autres hommes. Loin de cela, ses interrogatoires sont de vrais chefs-d'œuvre de dialectique, de lucidité, d'idées et de suite de raisonnements. Il suffit de les lire, il suffit aussi de le voir et de l'entendre pour rester convaincu que l'accusé n'est pas un être désorganisé ; qu'il est un homme qui pense, parle et agit comme un autre, qui a des lumières comme un autre, qui a suffisamment de raison quand il veut la consulter, pour être éclairé comme un autre.

Il se peut bien, sans doute, que cette raison ne soit pas toujours la plus forte, comme il arrive chez les autres hommes, contre les passions.

Il se peut bien qu'il y eût, dans le secret de son organisation, triste, sombre, atrabilaire, quelques vices horribles, quelques instincts de férocité native, quelques goûts de cruauté bizarre, quelques affreux caprices de misanthropie, poussée jusqu'à une sorte de rage contre les individus plus heureux que lui, et que, semblable à bien d'autres penchants vicieux, propres à l'espèce humaine, et dont elle ne triomphe qu'avec des combats et de la force de volonté, cette disposition diabolique, comme naguère en l'a vu d'un autre misérable du même caractère (Léger), l'ait entraîné à se livrer à une barbarie, soif du sang d'autrui, et à assouvir une jalousie forcenée du bonheur de ses semblables ; et, peut-être, serait-ce là qu'il faudrait aller chercher l'explication de son crime. Peut-être son action est-elle aussi le résultat de quelque épouvantable mystère, que n'a pu découvrir, malgré les efforts soutenus de leur zèle, la sagesse des magistrats.

Mais, tout cela deviendrait trop conjectural, et la justice n'a pas besoin de plonger dans les abîmes du cœur humain : tout ce qu'elle a besoin de connaître est prouvé ; le crime est constant, les cadavres des deux malheureux enfants sont là. Le coupable est convaincu, les preuves l'accablent ; ses **aveux** confirment les preuves. La loi est là qui prononce sur le sort de ceux qui, par cupidité et par jalousie, ou par vengeance, ou par instinct de férocité se baignent volontairement dans le sang des hommes.

Il est permis d'être incertain sur la vraie cause du crime ; on ne saurait l'être sur le crime même : le reste est entre Dieu et la conscience du coupable ; la justice humaine en sait assez pour défendre la société.

Après la lecture de ce réquisitoire, le Président procède à l'interrogatoire de Papavoine.

L'accusé avoue qu'il a assassiné les deux enfants Gerbod ; mais, il dit que c'était dans un moment où il n'avait pas la tête à lui, et qu'il voudrait pouvoir, au prix de tout son sang, rappeler à la vie les deux malheureuses victimes ; il repousse la préméditation du crime en disant que : « s'il l'eût projeté, il aurait pris » l'un des deux couteaux qu'il avait apportés dans sa va- » lise, et n'aurait pas été acheter un couteau à Vincennes » même, non loin du lieu où l'assassinat a été com- » mis ; » il ajoute que l'intérêt est le mobile des actions humaines, et qu'il n'avait aucun intérêt à tuer ces enfants qu'il ne connaissait pas. « Il ne peut, au surplus, » se rendre compte du motif qui l'a fait agir ; il s'est » trouvé entraîné à commettre cette action par une sorte » de mouvement machinal contre sa saine volonté. » Mais, après avoir frappé ces deux enfants, il s'est opéré dans son individu une révolution qui l'a rappelé à la raison, et, s'apercevant alors des conséquences de son action, il a voulu en soustraire les traces aux recherches de la justice ; c'est pourquoi il avait d'abord enfoncé son couteau dans la terre, puis examina s'il n'avait pas, sur lui, quelques taches de sang, et enfin, avait demandé au canonnier qu'il avait rencontré, si sa figure n'était pas barbouillée.

L'accusé repousse avec indignation la déclaration qu'il avait faite devant le juge d'instruction, d'avoir voulu frapper les enfants de France ; il dit que, fatigué de la position pénible dans laquelle il se trouvait, et ne pouvant mettre fin à son existence, parce qu'on lui en avait ôté les moyens, il s'était accusé de cet horrible projet.

Les dépositions des témoins, ses camarades de l'administration de la marine, ainsi que les personnes qui l'ont connu à Beauvais, concluent à ce que « Papavoine
» paraissait, en de certains moments, avoir le cerveau
» troublé, et comme frappé par des terreurs horribles,
» qui lui faisaient voir quelqu'un tout prêt à le frapper ;
» il était aussi d'un caractère soupçonneux, jaloux, irri-
» table, peu communicatif, s'isolant de ses camarades, et
» fuyant la société des femmes. »

Après avoir entendu les dépositions de mademoiselle Hérien, de la demoiselle Malservait et de M. Davoine, notaire à Vincennes, suppléant du juge de paix, qui confirment les faits énoncés dans l'acte d'accusation, M. de

Peyronnet, avocat général, prend la parole en ces termes :

« Messieurs, la haine, la vengeance, l'ambition et la cupidité sont, en général, les seules passions qui portent les âmes perverses aux crimes dont la société souffre et s'afflige. Mais aussi, malheureusement, on a vu quelquefois les hommes se rendre coupables, par un penchant désordonné pour le vice et dans l'unique but de satisfaire une férocité dont la nature humaine est ordinairement exempte.

» Lorsque nous devons signaler de telles actions à votre justice, nous ne saurions dissimuler combien votre tâche est en même temps douloureuse et difficile. On a peine, en effet, à croire à tant de cruauté dans son semblable et l'on éprouve le besoin de révoquer en doute l'exactitude d'une si triste vérité.

» Toutefois, Messieurs, vous est-il permis maintenant de vous livrer à ce premier mouvement de vos cœurs ?

» Mais, comment espérer que cette mission vous est réservée, et que nous serons autorisés nous-mêmes à proclamer innocent celui dont le sort nous est confié ? Vous ne le pouvez pas plus que nous.

» L'accusation qui vous est soumise n'a point été détruite. Les preuves même qui l'entourent ont reçu de la publicité un nouveau degré de force. Elles vous signalent un grand crime, elles vous indiquent le coupable, et la société se repose avec confiance sur vos lumières et sur votre impartialité.

» Cependant, Messieurs, qu'il nous soit permis d'exposer les motifs de notre conviction. Nous serions contraints d'entrer dans des détails déplorables ; mais vous ne trouverez pas mauvais que dans des circonstances aussi importantes, nous placions sous vos yeux le tableau dont vous connaissez déjà les diverses parties. »

Ici, M. l'avocat général, rappelant les faits de la cause, établit que les faits imputés à Papavoine sont prouvés, qu'il a agi volontairement et avec préméditation.

» Pour échapper à la circonstance de la préméditation, dit l'éloquent magistrat, Papavoine voudrait faire croire qu'il était déjà muni de l'instrument fatal la première fois qu'il rencontra les enfants Gerbod. Mais, à cet égard, il se trouve en contradiction avec lui-même, avec ses précédents interrogatoires devant le juge d'instruction. A la vérité, on voudrait appuyer ce nouveau système sur l'interpellation qu'il a adressée à la demoiselle Malservait.

» Mais, à l'égard de ce témoin, nous pourrions dire qu'il ne mérite pas grande confiance à cause de la position particulière dans laquelle il s'est trouvé, et de la condition particulière dans laquelle il se trouvera peut-être un jour.

» Quant à Papavoine, dit l'avocat général, après quelques considérations sur le mystère qui entoure le crime, il a déclaré, à différentes reprises, qu'il avait conçu l'horrible projet de sacrifier d'augustes enfants ; mais vous n'aurez pas, Messieurs, à vous reprocher de vouloir abuser d'un aveu invraisemblable et mensonger, surtout lorsque, depuis, il a été rétracté.

» Or, rien n'est plus invraisemblable et plus contraire à la vérité que la responsabilité effroyable que Papavoine voudrait, sous ce rapport, assumer sur sa tête.

» Non, Messieurs, grâce au ciel, nous n'aurons pas à rougir des suites d'une semblable explication.

» D'abord, pour admettre la supposition de Papavoine, il faudrait croire qu'il avait en vue deux enfants de sexes différents, et cependant, vous le voyez donnant la mort à deux jeunes garçons.

» Ensuite, comment cet accusé, qui connaît les habitudes du monde et de la capitale, aurait-il pu reconnaître d'augustes personnages dans deux enfants conduits par une seule femme, dont l'extérieur n'annonçait ni la grandeur ni l'opulence? Aucune suite, aucune escorte n'avait paru; les infortunés, ils avaient des habits ordinaires à une époque où une perte, encore récente, imposait à nos princes de lugubres vêtements !

» Continuant à rechercher les causes du crime commis sur les deux enfants Gerbod, on s'est demandé si la famille Gerbod n'en serait pas complice et si Papavoine n'aurait pas consenti à servir d'instrument à sa fureur.

» Hâtons-nous, Messieurs, de repousser le soupçon qui plane sur des têtes innocentes.

» Le sieur Gerbod s'est opposé, il est vrai, au mariage de son fils; il avait pour ce jeune homme des vues que les jeunes enfants et leur mère contrariaient sans doute

» Mais les investigations les plus sévères ont été faites et elles ont toutes concouru à la justification de ce père de famille.

» Il est parvenu à un âge assez avancé, avec une réputation irréprochable. Il n'a jamais eu de relations avec la fille Malservait ni avec Papavoine. Tous ces individus étaient ingnorés les uns des autres avant le funeste événement du 10 octobre. Et l'on conçoit d'ailleurs que si le sieur Gerbod avait voulu frapper quelqu'un, il eût dirigé ses coups vers l'objet qui contrariait directement son ambition, et non sur de malheureux enfants dont il avait promis lui-même de soutenir la faiblesse.

» Peut-on s'expliquer d'ailleurs comment, s'il avait formé cet odieux projet, il se serait adressé pour le réaliser à un homme tel que Papavoine.

» Peut-on croire, en effet, que, pour un misérable lucre, on eût pu faire agir un individu de ce caractère ?

» Ainsi, Messieurs, l'accusé n'aurait été entraîné ni par la cupidité, ni par la vengeance, ni par l'ambition, ni par le fanatisme politique, mais par une haine, heureusement bien rare, pour l'humanité tout entière.

» Il a tué uniquement pour répandre le sang humain et pour satisfaire une passion féroce !

» Nous sentons qu'au premier aperçu, cette opinion doit vous paraître invraisemblable et inadmissible; car, nous direz-vous, la nature humaine n'a jamais produit de pareils monstres.

» Mais si vous daignez prêter quelque attention à nos

idées et aux exemples que nous avons recueillis, nous ne doutons pas que l'invraisemblance ne disparaisse pour vous comme elle a disparu pour nous-mêmes.

» Un écrivain anglais dont le nom fait autorité (1) a dit dans son immortel ouvrage : « Il existe d'atroces » épicuriens qui trouvent dans le sang l'ivresse et la dé- » bauche. »

» N'est-il pas dès lors possible que Papavoine soit l'un de ces monstrueux adeptes ?

» Vous l'avez vu se privant, depuis longues années, des penchants autorisés par la nature. Et vous n'avez point oublié que, dans sa fureur, soit qu'il arrachât la vie aux jeunes Gerbod, soit qu'il frappât Labrey, sa main homicide choisissait toujours les grâces de l'enfance ou un extérieur agréable.

» Mais, si tant de perversité ne vous paraissait pas exister dans l'homme, nous pourrions reconnaître que la débauche n'entrait peut-être pour rien dans la passion de Papavoine. La cruauté seule aurait pu le guider, et les exemples d'hommes féroces, qui donnent la mort sans autre motif que la cruauté, ne sont pas malheureusement fort rares. Telle est la nature humaine, ou telle, pour mieux dire, elle devient, lorsqu'elle se livre, de bonne heure, à ses caprices et à ses passions.

» Puissent ces leçons terribles n'être point perdues !

» Puissent-ils, ceux qui ne mettent aucun frein à leurs

_____

(1) Young. IIIe Nuit.

déréglements, s'arrêter sur les bords du précipice, frémir et reculer en examinant le fond de l'abîme !

» Mais c'en est trop, Messieurs, et il demeure établi, d'une façon évidente, que nous n'avons pas fait une supposition invraisemblable lorsque nous disions que, sans doute, Papavoine n'avait eu d'autre but, dans ses crimes, qu'un instinct odieux de férocité.

» Voyons, maintenant, si ses antécédents et son caractère doivent exclure, à son égard, une pareille opinion.

» Nous devons le reconnaître, jusqu'au 10 octobre, aucun fait criminel ne lui a été attribué.

» Mais, ainsi que nous l'avons déjà dit, Papavoine a fait de longs voyages maritimes, et nous n'avons pu savoir si, dans des contrées lointaines, il ne se serait pas livré à des actes analogues à celui dont il est question.

» Nous admettons même qu'il n'en existait aucun à sa charge avant cette époque. Mais, si vous avez bien réfléchi à son caractère et à ses habitudes, vous serez facilement convaincus qu'il nourrissait, depuis longtemps, ces monstrueuses pensées, et qu'il préparait la catastrophe qui a eu lieu.

» En effet, vous savez que chez lui des armes étaient toujours à sa portée, qu'en venant à Paris, il s'était muni de deux couteaux, dont l'usage n'est pas nécessaire aux besoins de notre genre de vie, que, depuis un grand nombre d'années, il fuyait, d'une manière bizarre, toute société, toute communication.

» Il semblait avoir de la répugnance pour ses semblables. Peu à peu, sans doute, cet éloignement extraordinaire a germé dans son âme, il s'y est développé ; une haine générale et prononcée en a été le produit. Son imagination, livrée à la solitude, lui a donné l'idée du crime ; il n'a pas su maîtriser cette passion horrible, qui bientôt, l'a entraîné et l'a rendu coupable.

» Voilà, Messieurs, ce cœur mis à découvert ; jugez maintenant, et voyez si, dans un pareil homme, un acte de cruauté simple est invraisemblable. »

M. l'avocat général examine, dans la dernière partie de son réquisitoire, la question de démence, qui rentre dans le système de défense de Papavoine ; il se livre à une discussion savante, appuyée sur les plus graves autorités et dans laquelle nous regrettons de ne pouvoir le suivre. Il discute ensuite les circonstances particulières de la vie de l'accusé et s'attache à faire voir qu'elles ne constituent pas le fait de démence.

« Ainsi, Messieurs, dit le magistrat en terminant, vous écarterez, nous n'en doutons pas, tous les efforts de la défense. Les deux crimes sont constants, nous l'avons prouvé ; la culpabilité de Papavoine est certaine ; les circonstances accessoires résultent évidemment de l'instruction et des débats.

» La prétendue démence de l'accusé est un prétexte inventé en désespoir de cause. Il est certain que cette aliénation ne serait pas totale, il est prouvé qu'elle ne serait point partielle, et dans cette dernière supposition même, elle ne pourrait servir d'excuse admissible.

» Qui pourrait donc vous arrêter, Messieurs, au moment de prononcer votre sentence ?

» Le crime n'est-il pas le plus odieux dont on ait ouï parler ? La mort de deux jeunes enfants, l'espoir de leur mère, les objets de la pitié de tous, n'est-ce pas un attentat exécrable ? Et ne frémissez-vous pas à la seule pensée de rendre à la société un misérable abreuvé de sang et prêt à sacrifier, sans doute, de nouvelles victimes ?

» Non, Messieurs, vous ne ferez pas peser sur vous-mêmes cette effrayante responsabilité.

» Les conséquences de votre décision sont terribles, nous ne le dissimulons pas. Mais vous savez les droits de la sûreté générale et vous connaissez tous les devoirs qu'ils nous imposent.»

Après cette plaidoirie, *M⁰ Paillet,* défenseur de l'accusé, s'est attaché à faire ressortir les circonstances des débats qui s'appliquent à la question de démence, question qu'il traite avec beaucoup d'étendue, en citant à l'appui de son opinion, les ouvrages des médecins aliénistes les plus célèbres.

M. le Président présente immédiatement son résumé et soumet au jury les questions résultantes de l'acte d'accusation.

Après une heure de délibération, le jury déclare l'accusé coupable sur tous les chefs de l'accusation.

En conséquence, Papavoine est condamné à la peine de mort. . . . .

XII

L'ÉCHAFAUD

Après le rejet de son pourvoi en cassation, qui eut lieu le 18 mars suivant, Papavoine dut se préparer à subir le dernier supplice.

En effet, le 26 mars 1825, le condamné fut extrait de la Conciergerie à quatre heures de l'après-midi, et conduit, sur une charrette, à la place de Grève, alors lieu d'exécution des condamnés à mort. Une foule immense se pressait sur le passage du funèbre cortége.

Au sortir de la prison, Papavoine demanda à embrasser le crucifix; l'aumônier des prisons s'empressa de le lui présenter, et il le baisa avec effusion.

Arrivé sur le lieu du supplice, le condamné demanda à faire des révélations. Un conseiller de cour reçut donc les suprêmes aveux du meurtrier, qui, cet acte de conscience accompli, monta d'un pas ferme les degrés de l'échafaud.

Quelques minutes plus tard, la justice des hommes était satisfaite.

. . . .

Depuis l'accomplissement du grand drame de la Cour d'assises, les échos de la postérité ont parlé !...

Ce sont ces échos qui forment la Légende de Papavoine le meurtrier monomane, surnommé avec terreur, par les mères de famille, l'*Égorgeur d'enfants.*

FIN DE PAPAVOINE

COLLET

LE ROI DES ESCROCS

L'Histoire de l'homme extraordinaire que nous annonçons ne peut qu'intéresser au plus haut degré nos lecteurs. COLLET, *le Roi des Escrocs*, rappelle l'idée d'un type plus encore que celle d'un homme ; avec Cartouche et Mandrin il complète cette trinité fatale dont Collet représente tout l'esprit.

Il n'aura jamais d'égal dans son genre. Par son adresse à se transformer, par son art à flatter ses dupes, par son habileté à se substituer aux personnages qu'il contrefaisait, Collet restera *le Roi des Escrocs*.

Téméraire dans le danger, sans recourir à la violence, adroit à briser les obstacles dressés sur ses pas, Collet devient le héros le plus étrange de nos annales judiciaires.

C'est un coquin doublé d'un ambitieux ; c'est un homme plein de ruse, qui n'est pas exempt de sentiment. Si Collet eût tourné ses nombreuses qualités vers le bien, sans nul doute que cet homme multiple, ce caméléon de vice, ce comédien infatigable eût employé son art, ses secrets de *fascination*, à devenir un des personnages le plus distingués de la société : l'honneur de la famille, la gloire de la patrie.

Dans le cours de cette vie si mouvementée, pleine d'épisodes et de métamorphoses, de scènes incroyables, ayant pour mobile la soif de l'or et l'amour du commandement, jamais ne pénétra l'idée d'un meurtre. Dans cette âme ingénieuse et subtile, au contraire, un grand sentiment domine : le sentiment de l'amour filial.

Peut-être ne fallait-il qu'un pas de plus de Collet, sur cette route du bien, pour qu'il évitât les rigueurs de la justice.

Il appartenait à un écrivain aussi populaire que M. THÉODORE LABOURIEU, l'auteur des *Carrières d'Amérique*, de *l'Ouvrier-Gentilhomme* et de *la Rue Mouffetard*, de retracer de sa plume mordante, spirituelle et facile, les événements si nombreux et si compliqués de ce *Roi des Escrocs*.

Nous pouvons l'annoncer en toute assurance, l'auteur s'est placé à la hauteur du poëme tragi-comique de cette curieuse existence, que termine un grand et moral enseignement donné par Collet lui-même.

(L'Éditeur.)

COLLET

LE ROI DES ESCROCS

PAR

Théodore LABOURIEU

COLLET

LE ROI DES ESCROCS

I

L'ASSIGNAT CHANGÉ EN CAILLE

En 1793, dans une misérable masure, située à Belley, département de l'Ain, une femme, jeune encore, ayant auprès d'elle un garçon de neuf ans, s'abandonnait au plus violent désespoir.

Deux hommes lui apprenaient une affreuse nouvelle, ils lui faisaient connaître que son mari, Jean-Baptiste Collet, ex-menuisier, enrôlé comme volontaire dans le premier bataillon de l'Ain, venait de succomber à la frontière.

Le plus âgé des deux était le père de la victime, le plus jeune était un lieutenant, un volontaire comme son frère mort pour la République.

Le lieutenant disait alors à sa belle-sœur :

— Claudine, consolez-vous, mon frère est mort en héros; il vous reste un fils, qui, à l'exemple de son digne père, doit s'appliquer un jour, à devenir le soutien et l'honneur de la famille.

Le volontaire, en prononçant ces paroles, avait regardé

sévèrement l'enfant de neuf ans, qui n'avait versé aucune larme en apprenant la mort de son père !

Aussi, le plus âgé, vieux menuisier comme son fils, approuva-t-il l'admonestation indirecte du volontaire au jeune Collet.

Le grand-père connaissait les mauvais instincts de l'enfant, ses goûts pour la rapine, son penchant pour la paresse.

Il pensa que le petit misérable, à la nouvelle de la mort de son père, se sentait intérieurement très-heureux d'être délivré d'un joug qui pesait à sa nature perverse.

Il ne se trompait pas ; ce fils qui avait pour mère la plus vertueuse des femmes, pour oncle, un futur compagnon d'armes de Kléber, n'était autre que le fameux Anthelme COLLET, dont les nombreuses escroqueries devaient ternir un jour toutes les vertus de la famille !

— Claudine, ajouta le vieux menuisier, son beau-père, à la suite des paroles du volontaire, Claudine, les pleurs n'avancent à rien ! Tout en regrettant, comme vous, la mort de mon fils, je veux songer à votre avenir, à celui de votre enfant, et pour vous deux, je dois continuer ici, comme si votre mari existait encore, le métier qu'il exerçait avant son départ pour l'armée.

La mère reconnaissante essuya ses pleurs et serra vivement les mains du grand-père.

Le jeune Collet dissimula une grimace, il connaissait trop bien le caractère irascible, l'esprit parcimonieux de leur nouveau protecteur.

— Et moi, termina le volontaire, je vais vous envoyer mon général qui veillera sur vous et me donnera de vos nouvelles au régiment.

L'aumônier le surprit au moment où il avait la main dans sa poche. (Page 150.

A la suite de cette entrevue de famille, en dépit de toutes ces protections, la veuve ne compta plus que des jours d'orage.

Le grand-père traita sa belle-fille à l'égale d'une servante, en gardant pour lui le gain de son métier ! Le jeune Collet, par dépit, voyant sa mère si malheureuse, se refusa à un apprentissage dont sa paresse, du reste, ne s'accommodait guère.

Et le grand-père ne craignait pas, pour avoir raison de cette paresse, de recourir aux coups de bâton.

Ces corrections, d'ordinaire, étaient assez méritées ; non-seulement Collet manifestait un profond dégoût pour le rabot et la varlope, mais de temps en temps il détournait l'argent des pratiques.

Il est vrai, le plus souvent, que c'était pour faire parvenir cet argent à sa mère qu'il aimait profondément, et que le vieux menuisier laissait manquer de tout.

Ce fut même l'amour filial qui lui fit commettre son premier méfait.

Depuis longtemps le grand-père avait promis à Claudine de la régaler d'un plat de cailles, elle qui bien des fois n'avait pas de pain !

Par un raffinement de cruauté, le vieux menuisier ne cessait de manquer à sa parole, sous prétexte que la République rendait les vivres d'une cherté exorbitante.

Anthelme résolut, au détriment du vieux menuisier, de réaliser sa promesse jusqu'alors illusoire.

Voici le tour qu'il imagina :

Le grand-père avait confié un jour à son petit-fils un assignat de cinquante livres, pour aller le porter à un marchand de bois. Dans le trajet il rencontra un petit garçon tenant dans ses mains une caille qu'il caressait.

Aussitôt Collet propose au garçon, en échange de sa caille, l'assignat dont il est dépositaire. Le porteur de la caille accepte; Collet revient au logis en prétendant avoir perdu l'assignat.

Le grand-père courroucé se borne à de graves reproches ; tandis que l'enfant réplique devant sa mère :

— Mais tout n'est pas perdu. J'ai trouvé cette caille en route ; elle vous permet, grand-père, de réaliser enfin la promesse que vous ne cessez de faire à ma mère.

Et le malicieux enfant exhibe, d'un air de triomphe, son oiseau qui ne fait qu'augmenter les soupçons du grand-père pris au piége.

Le menuisier fait contre fortune bon cœur, il a l'air d'être la dupe du vaurien. Le lendemain, le menuisier court le village, il s'informe de ce qu'est devenu son assignat et par quel miracle il s'est changé en une superbe caille.

Il ne tarde pas à mettre la main sur le véritable propriétaire de l'oiseau, qui, loyalement, avait reçu de son fils l'assignat en place du volatile.

Cette fois le grand-père passe d'une sourde colère à la fureur. Rentré chez lui, armé d'un bâton, et en présence de la veuve et du général de son fils, que ce dernier avait envoyé pour avoir des nouvelles de sa famille, le menuisier raconte le méfait d'Anthelme , il prend à témoin le général de sa juste indignation.

Le militaire, grand partisan des moyens énergiques, appuie chaleureusement la théorie des coups de bâton, que dans sa fureur le menuisier développe devant lui ; l'officier supérieur termine en disant à la mère :

— Citoyenne, vous ne ferez jamais rien de ce jeune drôle sans le fouet de poste et le collier de force. C'est ce que je vais écrire à votre beau-frère.

Claudine n'ose répliquer ; elle laisse le menuisier se précipiter sur le coupable. Le grand-père, après avoir rompu Collet de coups, l'enferme dans un cabinet noir dont celui-ci, par précaution, avait une double clef.

L'enfant n'y reste que le temps de méditer sa vengeance contre le général qui a si fort approuvé sa correction, pendant que la pauvre mère dévorait ses larmes, en se disant que : peut-être son fils fût revenu au bien si le grand-père n'eût pas exercé si souvent contre lui des brutalités qui l'indignaient et le renforçaient dans le mal. En effet, Collet, toute sa vie, comme on le verra, fut l'ennemi de la violence.

Lorsque le vaurien sortit du cabinet, sa prison, pour prendre la clef des champs et pour s'affranchir à jamais du régime des coups de bâton, il était bien résolu à se venger du général qui s'était montré si partisan du *système* de son grand-père.

Sa vengeance s'exerça le jour même. Le général, voisin du vieux menuisier, allait être père.

Aussi n'avait-il pas attendu la fin de la correction de Collet pour retourner sous le toit conjugal.

D'heure en heure il attendait une bonne nouvelle avec

Jésus, Sancta Maria! s'écria l'honnête homme. (Page 133.)

une joie qui n'était pas sans mélange. Le général désirait un garçon.

Au moment de se rendre chez le menuisier, celui-ci avait fait prévenir, en cas où sa femme accoucherait avant son retour, afin qu'il sût aussitôt s'il était père d'une fille ou d'un garçon.

23

L'anxiété de l'officier supérieur était connue de tout Belley, c'était la fable du village.

Collet, avant de quitter le toit maternel, toujours furieux contre le général Martin-Bâton, courut chez un pâtissier commander à son compte vingt douzaines de petits pâtés.

En présence d'une commande aussi considérable, le pâtissier au courant des craintes et des espérances du général, crut au bonheur de l'époux.

— C'est donc un garçon ? demanda-t-il à Collet.

— C'est un garçon, répondit le vaurien.

Le garnement ne s'en tint pas là. Il recruta dans sa fuite, le long de la route, toutes les nourrices qu'il put déterrer. Il les dirigea sur la propriété de l'officier, après avoir eu la précaution de se faire héberger par chacune d'elles.

A une heure dite, six pâtissiers, soixante-huit nourrices stationnaient devant la porte de madame la générale.

C'était une procession de petits pâtés, une suite de grosses nourrices à en perdre la tête.

Le général, en apprenant d'où lui venait ce tour, requit la gendarmerie, il oublia même qu'il pouvait être père d'une seconde à l'autre, quitta sa femme et se mit à la tête des gendarmes pour courir après le garnement.

L'officier et deux hommes de la maréchaussée ne tardèrent pas à découvrir Collet fuyant sur la route de Chalon-sur-Saône.

La force du péril inspira une nouvelle ardeur au fuyard. Adossé contre un arbre, ayant à sa portée un tas de pierres, il lança tant de projectiles à ses ennemis qu'il les obligea à battre en retraite.

Sur ces entrefaites, un soldat venant de Belley, accourait, tout en nage, annoncer au général qu'il était père.

Du plus loin qu'il aperçut le soldat, l'officier oublia tout à coup Collet, son cœur bondit de joie; avant que le militaire eût pu l'entendre, il lui cria :

— Est-ce un garçon ?

Une idée lumineuse traversa le cerveau du jeune drôle, et du poste où il était placé il répondit à l'officier pour le soldat :

— Ce sera un garçon, si vous me faites un serment.

— Quel serment ? répliqua le général, peu méchant par caractère et possédant, en outre, toutes les superstitions du cœur.

— Le serment de me laisser librement continuer ma route si vous êtes père d'un garçon ?

— Tu as mon serment.

— Eh bien ! vous l'êtes.... général, répondit le soldat à son supérieur, une main à son tricorne, en regardant à la fois l'heureux père et le malin garnement.

Grâce à sa présence d'esprit, à son espièglerie, Collet continua, sans encombre, sa route jusqu'à Chalon-sur-Saône, où l'attendait un oncle maternel, curé de Saint-

Vincent, auquel il avait été déjà recommandé par sa mère.

La singulière vengeance du jeune Collet contre le général et contre son grand-père annonce le caractère de notre personnage : esprit plein d'adresse et de subtilité, qui, dans ses plus forts moments de représailles, n'eut jamais besoin de recourir au crime.

Du reste, le fiel ne saurait entrer dans l'âme d'un escroc, et tel fut Collet.

A la nouvelle de la retraite de son petit-fils chez son oncle le curé, le grand-père d'Anthelme, qui avait assez de lui, ne fut pas fâché du refuge qu'il s'était lui-même choisi.

A cette époque le curé, ayant refusé de prêter le serment, fut contraint de s'expatrier. Il emmena le jeune drôle en Italie.

Après trois années passées au pied du Simplon, près de la frontière suisse, l'oncle partit pour Rome. Son neveu avait grandi, engraissé auprès de lui dans la plus béate fainéantise et la plus crasse ignorance.

L'oncle fut nommé aumônier de l'archevêque d'Albi, et il chercha à placer son neveu dans un milieu qui lui parut conforme à ses goûts ; il l'envoya au couvent des chanoines de Florence.

Il n'y apprit que la malice. En voici un exemple qui rappelle l'esprit et le temps de Rabelais, et qui provoqua l'exclusion de Collet du couvent des chanoines.

Les révérends, sitôt l'heure de la prière du soir, se

retiraient dans leurs cellules disposées le long d'une galerie-dortoir. Sitôt qu'ils étaient couchés, le frère portier, qui était aussi tailleur, entrait dans les cellules, prenait les robes des révérends qu'il brossait, qu'il entretenait ou réparait avant de les leur rendre au grand matin.

A la suite d'une punition que la paresse de Collet ne lui avait fait que trop mériter, notre novice résolut de se venger des révérends. Il s'entendit avec le frère portier, pour aller vendre à la ville les habits des chanoines.

Afin de rendre sa vengeance plus complète, il s'était donné le malin plaisir de percer tous les vases du dortoir des révérends !

Le lendemain grand émoi dans les cellules, grand scandale au couvent !

Le dortoir était inondé... de quelle eau, on le devine ! Quand un frère se fut épuisé à sonner Matines, grande fut la stupéfaction du supérieur des chanoines, de voir près de quarante portes de cellules entrebâillées, laissant passer autant de bras nus, armés d'un vase accusateur ! Les malheureux chanoines, outre les désagréments que leur avait procurés leur meuble de nuit transformé en tonneau des Danaïdes, n'osaient, faute de robe, se présenter au supérieur dans le simple appareil permis au premier homme.

Ils se contentaient par un bras nu, armé d'un pot entamé, de constater leur impuissance, de protester contre le tour indigne et le vol infâme dont ils étaient dupes et victimes.

Comme on le pense, le frère portier ne reparut plus au couvent; le jeune Collet, qui avait partagé le produit de la vente des habits des chanoines, ne fut que soupçonné.

Cela suffit pour le faire chasser, il revint bientôt à Belley avec son oncle, juste au moment où le Concordat relevait les autels en France, tandis que les émigrés y retrouvaient une patrie.

Collet retourna embrasser sa mère, devenue plus misérable que jamais, dans sa propre maison où son grand-père régnait de plus en plus en maître, en tyran.

Alors le novice, qui avait eu soin de cacher à tout le monde le prix du vol des habits des révérends, fit passer son argent à Claudine, pour qu'elle payât certaines dettes que ne voulait pas reconnaître le vieux ladre de menuisier.

Puis, prévoyant que l'état ecclésiastique ne lui offrirait assez de ressources pour subvenir aux besoins de sa mère, il résolut de changer de condition.

L'oncle curé, depuis l'aventure du couvent de Florence, avait assez de l'éducation du jeune Collet, alors âgé de seize ans, et qui n'avait grandi qu'en malice. Le curé, pour sa part, ne fut pas fâché de se délivrer, à son tour, d'un élève qui ne donnait que les plus mauvaises espérances !

L'oncle, auquel il fut recommandé, fut précisément cet

ancien lieutenant volontaire qui avait vu mourir à côté de lui le père de Collet.

Cet ancien lieutenant de volontaires, devenu capitaine du génie, et qui avait fait partie de l'expédition d'Égypte, employa tous ses efforts pour faire entrer Collet au lycée de Fontainebleau.

Voilà donc notre novice qui est changé en soldat!

Le frère de son père agissait ainsi, moins en vue du jeune drôle que par intérêt pour sa pauvre mère !

Le brave homme qui avait dit autrefois à sa belle-sœur que Collet devait devenir le soutien et l'honneur de la famille, ne voulait pas en avoir le démenti.

Il travailla avec ardeur à l'avancement de Collet.

Du reste, ce qui était peccadille dans la vie civile ou religieuse pouvait devenir qualité dans la vie militaire.

Aussi son oncle, après l'avoir recommandé à un officier en retraite, M. de Saint-Germain, fit-il passer Collet par-dessus tous les examens exigibles, examens très-doux à son ignorance, très-commodes pour sa paresse.

Après dix mois d'école, Collet était *improvisé* sous-lieutenant, il était désigné pour le 101ᵉ régiment de ligne, stationnant à Brescia.

Il semblait que le sort préparât de lui-même chez ce jeune homme les éléments de sa condition future et tous les rôles étonnants que ce *roi des escrocs* devait remplir en comédien consommé ; déjà il savait s'accommoder du froc et de l'habit militaire.

II

COLLET, L'OFFICIER-CAPUCIN

Collet était sous-lieutenant à seize ans et demi. Bien jeune encore, et quoique sans instruction, il était donc, grâce à la Révolution, sur la route de la fortune et de la gloire; il préféra prendre le chemin du bagne !

Par la protection de son oncle, l'ancien soldat volontaire, devenu capitaine, le jeune lieutenant avait un avancement tout préparé; cependant, avant de gagner Brescia où son régiment était incorporé, Collet supplia son oncle de faire un détour avec lui vers son village natal. Il avait un double désir : revoir et embrasser sa mère, se venger encore des coups de bâton de son grand-père.

En arrivant à Belley, le sous-lieutenant apprend que sa mère est plus malheureuse que jamais ; qu'elle est en butte aux mêmes mauvais traitements qui, naguère, avaient décidé sa fuite.

Son amour filial et ses représailles, lui inspirent un nouveau tour.

Madame Collet était couturière, ou comme on dit dans le pays, *tailleuse en robes.* Depuis longtemps le vieux menuisier avait fait décrocher l'enseigne de la

couturière pour ne laisser subsister que celle de son fils
où il avait substitué son nom au sien.

Après le départ du jeune Collet, le menuisier avait continué à traiter sa mère à l'égal d'une servante ; il avait
poussé la barbarie jusqu'à lui refuser le dernier argent
que son fils lui avait envoyé.

Collet avait appris ce dernier trait par une lettre remplie d'amertume que lui avait écrite en cachette la
malheureuse mère et c'étaient ces faits qui l'avaient décidé à retourner à Belley.

Au lieu de se rendre au logis maternel, il se présenta
chez les clients de son grand-père, se fit payer certaines
créances, en montrant à tout le monde la lettre de sa
mère, en les apitoyant sur ses malheurs ; puis, il commanda une superbe enseigne où on lisait en grosses lettres : *Madame veuve Collet, tailleuse en robes.* La nuit
venue, il fit décrocher et descendre la vieille enseigne
du grand parent, à laquelle il substitua la nouvelle.

Et lendemain, dès l'aube, il se rend accompagné de son
oncle à la maison maternelle.

Une foule curieuse est amassée devant la maison.

Le grand-père ne doute plus qui est l'auteur de cette
substitution à la vue du jeune sous-lieutenant accompagné de son oncle le capitaine.

La colère du vieux menuisier va éclater, lorsque Collet s'écrie en présence des voisins.

— Mes amis, mon grand-père n'entend pas occuper
plus longtemps l'habitation de ma mère, ni s'approprier

des profits qui lui reviennent de droit, à elle comme à son fils. Voilà pourquoi vous voyez à mon retour, cette enseigne, la même qui, dans le principe, figurait conjointement avec celle de mon père.

Le grand-père comprend le sarcasme du malicieux sous-lieutenant ; il enrage, mais il se laisse complimenter par les voisins de ce bel acte de réparation dont il est cependant fort incapable.

Collet n'était pas au bout de ses malignités, et il ajoute encore :

— Ce n'est pas tout ; dorénavant, mes chers voisins, c'est à ma mère que vous remettrez le payement des factures faites au nom de mon grand-père, car vous savez comme moi, que mon parent n'a jamais été que le gérant de notre maison.

Cette fois le grand parent veut se récrier, il trouve que son petit-fils finit par le rendre trop généreux ; en ce moment sa mère, accourue aux premiers mots de son fils, se jette dans ses bras, fière de son épaulette, heureuse de ses preuves de tendresse ; et le capitaine impose silence au vieux menuisier. Car ce dernier approuve toutes les espiègleries de Collet, basées sur les devoirs de l'amour filial.

Alors très-rassuré sur le sort de sa mère, bien vengé des coups de bâton de son grand-père, Collet part de Belley pour rejoindre son régiment à Brescia.

Qui eût dit que Collet qui n'exerçait encore son imagination que pour venger sa mère, dut faire tourner son adresse, son habileté contre la société et ne s'en servir un jour qu'au profit de ses mauvais instincts ?

Une fois arrivé au corps, Collet s'y montra ce qu'il avait été au couvent, un paresseux enraciné. Alors il se mit à regretter le cloître, à soupirer après l'heureux *far-niente* de son enfance.

Chose singulière pour un officier, surtout pour un officier de cette époque, on vit notre sous-lieutenant assister aux offices avec une assiduité béate. Il se lia à Brescia avec des capucins de Saint-Joseph dont quelques-uns l'avaient connu autrefois au couvent de Florence.

Alors Collet ne tarda pas à être assailli de sarcasmes par ses camarades qui ne l'appelèrent plus que l'*officier-capucin*.

Les railleurs ignoraient que notre rusé Collet trouvait une récompense à son assiduité aux offices ; et que, dans l'intervalle de son service militaire, partout il se préparait un doux accueil et une bonne table ; plaisirs qui étaient interdits aux officiers français casernés dans une ville ennemie.

Un jour, l'officier-capucin fut arraché à ces douceurs par un ordre de départ pour Bologne. Jusqu'alors il ne connaissait de la vie militaire que la garnison.

Ce qu'il redoutait par-dessus tout, c'était la guerre.

Depuis les coups de bâton du grand-père, il avait pour la violence une haine qu'il n'avait que trop manifestée par ses malices. Cependant il fallait se diriger sur

Fondi, petite ville des États Napolitains, bientôt sur Gaëte qu'assiégeait l'armée française.

Plus que jamais notre officier regrettait ses bons amis, nos ennemis, les prêtres italiens de Florence ou de Brescia.

Un jour qu'il se promenait aux alentours de Fondi, se demandant s'il ne devait pas quitter le drapeau et reprendre le froc, il fut surpris par un orage qui l'obligea à s'arrêta dans une villa.

Il y rencontra la femme de son chef de bataillon que le même motif, en apparence, avait attirée dans cette maison.

La dame était jeune, belle, et elle était Italienne ; elle avait épousé un vieux militaire français, par raison plutôt que par inclination.

Depuis longtemps elle avait remarqué le jeune Collet ; plus d'une fois elle l'avait rencontré à l'église, et avait été édifiée par sa conduite exemplaire, par sa piété, objet des railleries de ses collègues et particulièrent de son mari.

Une femme, froissée dans ses sympathies pour l'homme qu'elle préfère, est déjà à demi vaincue.

Collet pensa, avec raison, que le hasard n'avait pas amené uniquement la femme de son chef de bataillon dans la villa où il était venu chercher lui-même un refuge contre la pluie.

Le jeune lieutenant ne tarda pas à lier conversation avec la belle Italienne ; la femme de son chef de bataillon s'empressa de répondre au jeune homme dont les traits candides, la figure imberbe et rosée lui inspiraient une confiance sans bornes.

L'Italienne, qui laissait lire les ardeurs de son âme dans ses grands yeux noirs, oublia bien vite l'orage pour être tout au courtois Collet.

Celui-ci ne quitta la dame qu'après avoir obtenu un rendez-vous dans le nouveau domicile qu'elle allait habiter à Fondi avec son mari.

Le lendemain, Collet ne voulait plus quitter le drapeau, il se rendait au nouveau domicile de la femme de son supérieur, il lui jurait à genoux un amour éternel.

Deux semaines après, le jeune lieutenant craignant d'être surpris par l'époux de sa maîtresse, résolut de rompre ce lien par trop dangereux.

Il n'alla plus à l'église où la dame de son chef de bataillon l'avait vu d'abord, il profita du départ de son bataillon pour dire adieu à la belle; il fréquenta les cabarets, courut après des amours plus faciles, et moins exigeants.

Les camarades de Collet le félicitèrent de sa conversion; un jour, à table, le chef de bataillon fit part à son épouse de la conduite nouvelle de Collet; la dame en prit un si violent chagrin qu'elle tomba évanouie, prit le lit, et ne tarda pas à succomber à la suite d'un transport au cerveau.

La femme du chef de bataillon aimait sérieusement Collet. L'officier, qui n'aimait pas moins sa femme, éprouva un violent désespoir à la suite de cette mort aussi étrange que subite.

Par un calcul de femme, qui n'a d'excuse que dans la passion qui l'inspire, l'ancienne maîtresse de Collet était parvenue à faire de son mari l'ami et le protecteur de son amant.

Ce fut donc Collet, pour son supplice, qui apprit le premier, par le mari, la maladie de la femme de son supérieur, comment elle était morte presque subitement.

Nous l'avons dit, notre jeune homme n'était pas pour les scènes violentes. Cette terrible fin et ses circonstances ignorées du mari qui les avaient provoquées, remplirent son âme de dégoût; Collet jura, cette fois, d'en finir avec la vie militaire.

La guerre survint; son bataillon était en face de Gaëte.

L'ex-mari de la belle Italienne, dégoûté aussi de la vie, chercha la mort au premier assaut. Collet, fut blessé au côté droit.

Après la bataille, le chef de bataillon et le jeune lieutenant furent réunis à l'hôpital Saint-Jacques, à Naples, sur un lit d'ambulance.

Plus que jamais, Collet, dont la blessure n'était que légère, jura de rompre en visière avec un métier aussi brutal.

Ce qui le décidait encore à quitter l'état militaire, c'était la vue de son pauvre chef de bataillon, qui se mourait, moins de sa blessure que de la mort de sa femme dont lui-même avait été le premier bourreau !

Étrange contradiction chez cet homme, dont l'esprit subtil était tourné vers la ruse et dont le cœur, cependant, était susceptible d'attachement, même de remords.

Il prouva sa sensibilité en ne cessant de prodiguer de l'amitié à son camarade de lit. Celui-ci, voyant venir sa dernière heure, choisit Collet pour confident de ses suprêmes volontés.

D'abord le chef de bataillon plongea la main sous le traversin et en retira un portrait de femme, le portrait de la belle Italienne, sur lequel il appliqua encore une fois ses lèvres glacées.

Ce baiser traversa le cœur de Collet.

Le chef de bataillon tira ensuite un portefeuille rempli de papiers de famille, une montre d'or et une bourse. Il remit le tout au jeune lieutenant, prononça le nom de sa chère femme, murmura une adresse, puis expira.

Cette fois Collet étouffa ses remords, et n'obéit plus qu'à ses instincts perfides.

D'abord il compta la bourse qui contenait cent soixante-cinq pièces d'or de vingt-quatre francs de France, une pièce de six francs et une de quinze sous, il mit la bourse en poche, la montre au gousset, bien décidé à oublier l'adresse indiquée, très-résolu à se servir des papiers de famille, à prendre, un jour, le nom de son chef de bataillon dont il avait déjà volé le bonheur et qu'il dévalisait encore après avoir été la principale cause de sa mort.

Collet, muni de la somme et des papiers de son supérieur, ne songea plus qu'aux moyens de déserter.

A l'hôpital, il avait remarqué un dominicain, un aumônier qui, depuis son entrée à l'hospice, n'avait cessé de l'observer et de lui donner des soins tout particuliers.

Le visage anguleux, blême et cafard de ce dominicain n'était pas tout à fait inconnu à Collet.

Celui-ci surprit l'aumônier l'épiant et l'observant au moment où il serrait la bourse, le portefeuille et la montre du mourant.

Cette fois Collet résolut de l'interroger, de s'assurer qui il était.

Lorsqu'il passa devant son lit, il l'arrêta et lui demanda :

— Vous me connaissez ?

— Pourquoi cette question ? lui répliqua l'aumônier baissant le front comme pour se consulter.

— Parce que, répondit l'adroit Collet, si vous ne me connaissez pas, vous n'auriez pas écouté les secrets et la confession de mon camarade de lit.

— Quels secrets ? Quelle confession ?

— La confession de cet officier français, qui m'a confié sa fortune et ses secrets, moins parce que j'ai été son ami que parce que, moi aussi, j'ai été dans les ordres, élevé au couvent...

Collet, écrivain public.

— Au couvent de Florence ? ajouta froidement le dominicain.

— Précisément, reprit le lieutenant en le regardant curieusement.

— Et vous vous appelez Anthelme Collet ?

— Vous l'avez dit ; vous étiez donc aussi à ce couvent ? répliqua l'officier.

— Sans doute, j'étais même votre condisciple au moment où notre frère portier enlevait, d'une façon si singulière, les robes de nos révérends.

— Ah ! que je suis heureux, s'écria Collet avec force momeries, pour témoigner de sa joie de retrouver un frère, quoiqu'il ne fût si expansif que pour faire oublier un épisode auquel il n'était pas étranger, oui, que je suis heureux de me retrouver avec un fils de l'Église dans mon métier de damnation !

— Ce n'est donc pas de votre plein gré que vous êtes soldat, que vous avez porté les armes contre notre patrie ? l'interrogea le dominicain d'un ton plus cordial.

— Pouvez-vous le penser, répliqua Collet avec une indignation hypocrite, moi élevé dans l'amour de la religion ?

— Alors, termina l'aumônier, qui avait aussi son projet depuis qu'il avait reconnu Collet, vous quitteriez sans répugnance une patrie qui a renié ses autels et ses rois légitimes.

— Avec bonheur ! s'écria-t-il, la voix émue, les larmes aux yeux.

— Achevez donc de vous guérir et je me charge de vous soustraire à votre indigne profession.

Et l'aumônier quitta Collet ; il se déroba à sa reconnaissance, pour n'éveiller aucun soupçon de la part des autres Français.

Cela se passait en 1806, à une époque où toute l'Italie, en apparence du moins, était au pouvoir de Napoléon Ier.

Quelques jours après, sa santé entièrement rétablie, Collet, muni du portefeuille et de l'argent de son ancien chef de bataillon, demanda sa sortie.

Elle lui fut accordée.

Accompagné de l'aumônier, son ancien condisciple, il se transporta chez un marchand d'habits, il abandonna le costume militaire, prit des vêtements de bourgeois et se dirigea, avec son protecteur, sur la route de Caserte.

Il quitta ainsi l'armée, sans tambour ni trompette, endossa l'habit de novice au moment, où dans toutes les églises Italiennes se chantaient des hymnes de victoires en l'honneur du succès des armées... françaises.

L'aumônier avait eu un double but en décidant Collet à déserter l'armée.

D'abord il avait agi en haine de la France ; ensuite, édifié depuis la soustraction des robes des capucins sur l'esprit plein de ressources du jeune Collet, il espérait un jour exploiter ses talents à son profit.

Qui connaît la moralité de certains prêtres Italiens ne

s'étonnera pas de l'étrange protection de l'aumônier, de l'intérêt qu'il avait à s'assurer de la reconnaissance de Collet et à cultiver son amitié.

A six lieues de Naples, vivait, dans la haine de la France, un Napolitain frère de l'aumônier. Collet fut reçu dans cette famille comme une brebis arrachée à un troupeau de loups.

De là, le novice fut dépêché pour le couvent de Saint-Pierre, chez les supérieurs des missionnaires, en compagnie de l'aumônier.

Collet, né comédien, qui avait l'organe de l'imitation très-développé, n'était déjà plus reconnaissable avec l'ancien lieutenant; il s'était dépouillé de son enveloppe de soldat.

Il était tout confit en humilité, ayant les yeux constamment baissés, l'air béat, tout disposé à recevoir la tonsure, à exercer sérieusement la profession religieuse.

Deux ans s'écoulèrent avant qu'il reçût les ordres, qu'il fût adjoint comme clerc aux missionnaires, se répandait dans les différentes provinces du royaume pour y faire entendre leurs prédications.

Ces deux années parurent deux siècles à notre novice. Le feu de l'ambition, l'amour du bien d'autrui dévoraient son âme. Durant ces deux années, il lui fallut affecter des dehors tranquilles, tromper par son air pieux son supérieur, et jusqu'à l'aumônier qui ne comptait pas sur la conduite si exemplaire du novice.

Enfin, le jour de la délivrance arriva, il était temps.
Collet, commençait à regretter la vie des camps !

La maison de Saint-Pierre fournissait tous les ans
un certain nombre de missionnaires, se répandant dans
les provinces pour y faire entendre leurs prédications; on
demanda à notre clerc s'il désirait faire partie de cette
pieuse et charitable expédition.

Il s'empressa d'accepter, toujours en compagnie de
son inséparable aumônier.

Mais, avant de partir, il compta une fois de plus les
pièces d'or du chef de bataillon de l'hôpital Saint-Jacques, fit briller son diamant, sonner sa montre, bien décidé à laisser en route son aumônier et à gagner du
pays.

Une circonstance nouvelle le rattacha à la corporation.

Par l'influence de l'aumônier, qui faisait tout son possible pour devenir son âme damnée, on lui confia les
quêtes. Collet quêta si bien que, ses comptes faits, il envoya mille écus rejoindre, dans la poche de sa soutane,
les quatre mille francs du chef de bataillon.

Un soir, Collet comptait son argent, à la suite d'une
longue et fructueuse excursion faite de concert avec son
inséparable compagnon.

Se croyant seul dans l'endroit où il devait reposer
avec le frère, Collet venait de glisser sous sa soutane
quelques pièces d'or destinées encore au sac ou à la be-
sace du couvent.

L'aumônier le surprit au moment où il avait encore la main dans la poche de sa soutane.

— Voilà une robe, mon frère, s'écria-t-il, que je ne donnerais pas pour toutes les soutanes que vous dérobâtes autrefois au couvent de Florence ?

Collet se retourna brusquement, bien convaincu enfin du mobile qui avait fait agir l'aumônier en travaillant autrefois à sa désertion.

Mais, se donner un complice, c'était s'avouer coupable, Collet répondit froidement à l'aumônier :

— Je ne vous comprends pas, mon frère.

— C'est que vous le voulez bien; je vous crois capable de plus d'entendement... dans votre intérêt !

— C'est que probablement je ne veux pas croire à une injure de votre part, en reconnaissance de ce que je vous dois.

— Comme vous le voudrez ! termina l'aumônier qui, déçu dans ses espérances, résolut de se venger de l'homme dont il n'espérait plus faire un associé, encore moins un complice.

— A peine le novice fut-il retourné au couvent des missionnaires, qu'il fut mandé par le supérieur.

— Frère Collet, lui dit-il, je n'ai qu'à me louer de la façon dont sont faits vos comptes, et du zèle que vous avez mis à opérer vos quêtes ! Malheureusement un grave soupçon pèse sur vous.

— Quel soupçon, mon père ? demanda Collet qui pensa tout de suite à l'aumônier.

— On se demande, au couvent, surtout à la suite de quêtes abondantes, dont nous vous sommes redevables, comment il se fait, malgré les règles de la communauté, que vous possédiez de l'argent sur vous ?

— Rien de plus simple, mon père.

— Je désire autant que vous, répliqua le supérieur avec moins de sévérité, que vous vous disculpiez ainsi du vol dont on vous accuse.

— Un vol, grand Dieu !... Moi, capable d'un vol ? s'écria Collet élevant les yeux comme pour prendre le ciel à témoin de son innocence.

— Alors expliquez-vous. Avez-vous, en réalité, de l'argent sur vous.

— Oui, mon père ! mais il n'est pas à moi, c'est un dépôt sacré que je tiens d'un officier, mort à mes côtés, avant de me jeter dans les bras de l'Église.

— En vérité !

— Vous me croirez sans peine, mon père, s'écria Collet, sortant alors de sa soutane l'or, les bijoux, le portrait de la femme du chef de bataillon, ainsi que le porte-feuille de l'officier, oui, vous serez bien forcé de me croire, puisque, après tout compte fait, je possède le double de la valeur des quêtes opérées au profit de notre couvent.

Cet argument était sans réplique. Rendu à l'évidence

et convaincu de l'innocence de Collet, le supérieur ne crut qu'à la méchanceté de l'aumônier délateur.

Collet, non content d'avoir détourné tous les soupçons, voulut du même coup gagner la confiance du supérieur, il reprit, les yeux modestement baissés :

— Mon père, pour posséder un pareil dépôt, il faut bien que moi-même je ne sois pas sans ressources. La famille du chef de bataillon qui me confia cette petite fortune, que je n'ai pu remettre encore à mon notaire, la famille de ce pauvre ami ne peut attendre plus longtemps la remise de ce dépôt.

— C'est trop juste, vous désirez une vacance ?

— Oui, mon père, mais dans un autre but encore.

— Je vous écoute, parlez.

— Avant ma désertion, reprend Collet en prenant un air embarrassé, en baissant les yeux, je possédais une rente de dix mille francs.

— Eh bien ! s'écria le supérieur alléché par cette fortune dont se parait l'adroit Collet.

— Eh bien, mon père, si je n'ai pas touché cette rente, rien ne m'empêche d'en négocier le titre ?

— C'est très-juste, reprend vivement le supérieur, qui croit le deviner.

— Et si Sa Révérence le permet, cette petite fortune dont un frère indigne ne sait que faire, je veux l'employer au bénéfice de la communauté qui m'a si charitablement accueilli.

Cette fois le supérieur est aux anges. Les calomnies de

l'aumônier sont bien déjouées, et le supérieur en palpant, en espérance, la bienheureuse rente, donne main levée au frère Anthelme.

Collet part dès l'aube du couvent; mais sur la route de Naples, qui rencontre-t-il encore? Son terrible aumônier!

— Vous, encore vous? s'écrie Collet stupéfait.

— Oui, répond-il, parce que nous devons faire route ensemble jusque chez le banquier de la Compagnie.

— Ah! fait Collet d'un air de soupçon, alors on m'a calomnié de nouveau auprès du supérieur?

— Vous croyez donc pouvoir donner prise à la calomnie?

— Je vous le demande? riposte Collet qui dissimule ses vives inquiétudes sous un ton de colère.

— Non, répond l'aumônier d'un ton grave, le supérieur a pleine confiance en vous; il n'en est pas de même pour le syndic à qui l'on a volé hier plusieurs passe-ports en blanc; et comme il n'y a que vous et moi qui soyons reçus chez le syndic....

— Naturellement vous avez dit, réplique Collet avec effronterie, que n'étant pas le voleur ce ne pouvait être que moi?

— Ou quelque inconnu du couvent, s'empressa d'ajouter l'aumônier, dont on nous charge de découvrir la trace avant d'arriver à la ville prochaine.

Collet juge prudent de ne rien répliquer.

Mais à la première occasion, il se promet bien de se débarrasser de ce dangereux compagnon.

La veille, en effet, Collet, chargé de l'éducation du fils du syndic, avait fait rafle, chez ce dernier, en prévision de son prochain départ, de plusieurs passe-ports en blanc.

Le syndic s'était aperçu de cette soustraction le jour de la délation de l'aumônier, d'où Collet était sorti blanc comme neige.

Alors l'aumônier, pour reprendre une revanche éclatante, avait emmené le syndic chez le père des missionnaires.

Furieux du nouveau degré de confiance accordé à Collet, l'aumônier avait dit au supérieur que lui seul ou Collet, admis tous deux dans le cabinet du magistrat, pouvait être l'auteur de cet abus de confiance.

A la suite de cette dangereuse déclaration, l'aumônier s'était fait le surveillant de Collet, désespérant de devenir son coupable associé.

Et une fois que Collet fut arrivé à la première auberge, il prit à part l'aubergiste. Après avoir eu soin de glisser dans la poche de son compagnon une partie des passe-ports suspects, il dit à l'hôtelier :

— Demain matin, vous m'éveillerez à la première heure. Quant à mon compagnon, vous le laisserez sommeiller jusqu'au moment où vous aurez envoyé chercher, au couvent, deux de nos frères.

— Pourquoi, mon père ?

— Parce que ce frère indigne, dans un but inconnu, commis le plus odieux des abus de confiance.

— En vérité !

— Des passe-ports ont été volés à notre syndic, on soupçonne l'aumônier; chut !

— Jésus ! Sancta Maria ! s'écrie l'honnête homme en se signant.

— Et pour l'honneur du couvent, nous voulons devancer les poursuites de la justice.

— Je le comprends, vos ordres seront exécutés.

Dès l'aube, Collet délogeait, laissant à l'auberge le malheureux aumônier, qui, grâce à cet adroit guet-apens, ne put se défendre d'une soustraction dont il avait fait tant de bruit.

L'aumônier resta écrasé sous les preuves accablantes de son prétendu crime, ne sachant comment expliquer, d'abord, comment il se trouvait possesseur des passe-ports volés que lui avait glissés l'adroit Collet.

Notre escroc, sur ces entrefaites, se dirigea vers le domicile du banquier du couvent, muni d'une lettre et d'une boîte que lui avait données son supérieur.

En esprit prudent, avant de pénétrer dans la ville de Naples, il s'arrête à une nouvelle auberge. Là, il ôte adroitement le cachet de la lettre adressée au banquier des Pères de la Mission. Il en fait de même pour la boîte.

Dans la lettre, le supérieur autorise Collet à négocier une rente de 10,000 francs dont trois ans d'arrérage sont accumulés ; dans la boîte se trouve une bague en diamant, que le révérend donne comme modèle à son joaillier.

Collet recachète la lettre, referme la boîte, se présente en toute humilité, d'un air béat et naïf, chez le banquier auquel il est chaudement recommandé.

Le financier le reçoit en père ; Collet semble confusionné de tant de bontés, le banquier lui compte sans défiance une somme de 22,000 francs.

Puis il se rend chez le joaillier, qui, trompé également par sa bonne mine, lui donne en dépôt trois bagues pareilles au modèle envoyé par le révérend.

Une fois muni de son trésor, il s'empresse, à quelque distance de la ville de Naples, de tourner le dos au couvent.

Il change d'itinéraire et d'habit ; à l'aide d'un des passe-ports volés au syndic, il s'inscrit lui-même sous le nom et le titre du marquis Dada.

Notre marquis de contrebande prend la poste, il arrive ainsi transformé aux portes de Capoue.

Ici, les portes ne s'ouvrent pas d'elles-mêmes sur le passage de notre audacieux escroc.

Une nuée d'agents de police entourent l'aristocratique personnage, on lui retient son passe-port. Les agents lui font l'escorte jusqu'à l'hôtel qu'il a choisi.

Que doit-il faire ? Prendre la fuite ? Ce serait compromettre la dignité de son marquisat ! Il se résigne à suivre les rufians, protestant hautement, mais la mort dans l'âme, contre l'étrange honneur que lui fait la police de Capoue.

Il se demande si l'aumônier qu'il a joué ne se venge pas de sa cruelle supercherie? si le syndic ne fait pas cause commune avec le frère indigné, avec tout son couvent spolié, qui déjà a connaissance de sa transformation?

A ces pensées, son sang s'arrête dans ses veines, la frayeur le talonne; il va prendre la fuite, quand un domestique entre à l'hôtel et lui annonce l'arrivée du commissaire.

C'en est fait, il est perdu, l'aumônier aura parlé.

Lorsque la porte de sa chambre s'ouvre devant l'homme noir, Collet est pâle, une sueur froide inonde son front, ses jambes flageolent, ses regards se portent vers la fenêtre. Il se demande si, au moment où le commissaire va passer par la porte, il ne doit pas fuir par la croisée.

Enfin le redouté commissaire se présente, il tient son chapeau bas d'une main, de l'autre le passe-port fatal, il est humble jusqu'à la servilité, il est servile jusqu'à l'obséquiosité!

— Excusez-moi, signor marquis — s'écrie le commissaire avec force salutations — si je n'ai pu contenir le zèle de mes subordonnés. Aussi ai-je tenu à réparer leur inconvenance et à reporter moi-même cette pièce à Votre Excellence.

D'abord le faux marquis Dada croit que le commissaire se moque de lui.

Il se ravise cependant, calme ses craintes, en comprenant le mouvement de chapeau du magistrat, qui lui présente toujours le passe-port suspect.

Son Excellence reprend peu à peu sa dignité, il jette une bourse bien garnie dans le chapeau du commissaire, reprend son passe-port, et dit en se rengorgeant :

— C'est bien, j'accepte vos excuses, mais que votre canaille ne me manque plus d'égards à l'avenir.

Collet connaît désormais la puissance de l'argent en Italie ; il comprend enfin son commissaire ; pour achever de le mettre de son côté, il l'invite à dîner.

Le magistrat se confond en remercîments, il n'ose accepter.

— Est-ce que vous me croyez encore un marquis de contrebande ? Avez-vous donc peur de vous compromettre ? reprend Collet en souriant.

— C'est parce que je suis convaincu du contraire, que je n'ose m'asseoir à côté de Votre Seigneurie.

— Allons donc, mon cher ! reprend avec abandon notre escroc, heureux d'en avoir été quitte pour la peur, moi je suis pour les idées françaises, je n'ai pas de préjugés ; à table !

Cette fois, très-sincèrement devant une truite de Vulturne, et en vidant un verre de vin d'Asti, le magistrat s'écrie :

— Ah ! ce n'est pas moi que duperait un fripon ; et il

suffit de voir Votre Seigneurie pour savoir tout de suite
à qui l'on a affaire.

Le faux marquis Dada profite des bonnes dispositions
du magistrat pour se faire piloter par lui dans la ville.
Abusant de sa qualité d'étranger, il prend l'infaillible
magistrat pour témoin de tous ses achats ; il achète un
carrosse, une livrée, arrête un domestique et sort triom-
phalement de Capoue, escorté à sa nouvelle voiture par
le cérémonieux commissaire.

Où ira-t-il ?

Le hasard qui l'a si bien servi le servira encore.

Notre escroc est devenu marquis, il a un riche carrosse,
un laquais, un cocher, de l'or et des diamants dans toutes
ses poches.

La fortune lui sourit, il n'a plus qu'à attendre une
nouvelle occasion pour la captiver encore.

Chemin faisant, le marquis Dada avise un officier
français qui, par un soleil brûlant, arpentait péniblement
la route.

Collet se rappelle que lui aussi a porté l'épaulette ;
laissera-t-il aller à pied le malheureux officier qui marche si péniblement à travers la poussière, sous un soleil
ardent ?

Notre escroc est ému de pitié, il offre à son compa-
triote une place dans son carrosse.

Un bienfait n'est jamais perdu, Collet apprend qu'il a
affaire à un nommé Tholozan, Lyonnais, officier en congé
du 10ᵉ de ligne, chevalier de la Légion d'honneur.

L'officier est enchanté du prétendu marquis, qui lui parle de la France, de sa brave armée à laquelle il rend justice, quoique étranger. Et Tholozan, remis de ses fatigues, toujours sous le charme de l'entretien du noble étranger, va oublier qu'il est attendu à Terracine.

Le faux marquis le rappelle à ses devoirs; il arrête son carrosse, l'officier met pied à terre en témoignant la plus vive reconnaissance à celui qui l'a si galamment obligé.

Mais déjà le traître a subtilisé le portefeuille du trop confiant voyageur.

Une fois seul dans sa voiture, Collet passe le grattoir sur le brevet de l'officier; il arrange quèlques dates, orne sa boutonnière d'un ruban rouge ; le marquis Dada devient ainsi un nouveau Tholozan.

C'est comme officier français, sous le nom de Louis-Charles-Alexandre Tholozan, qu'il prend la route de Rome, qu'il fait son entrée dans la ville capitale.

Encore une fois le hasard, cet ami de la fortune, le sert à merveille.

Il lie connaissance avec un abbé qui lui avait offert, en sa qualité de français et d'étranger, de le guider à travers les merveilles de Rome.

A peine le faux Tholozan lui a-t-il dit son nom que l'abbé s'écrie :

— Je me nomme l'abbé Faux! Quoi! il se pourrait! vous seriez le beau-frère de mon ami de Courtines?

Collet, qui connaît à fond sa nouvelle famille, à l'aide

du portefeuille de l'officier français, exhibe des lettres de M. de Courtines se trouvant précisément dans les papiers de son ancien compagnon de route.

Collet (copie d'un dessin fait d'après nature).

Grâce à la petite fortune qu'il a sur lui, il se fait passer pour un officier millionnaire, chose rare dans l'armée française.

Pour la rareté du fait, l'abbé, fort bien en cour, secrétaire du cardinal Fesch, l'installe au palais archiépiscopal.

C'était placer le loup dans la bergerie. Millionnaire, protégé d'un cardinal, Collet n'a plus que le choix des dupes.

Le digne abbé Faux devient le complice involontaire du redoutable escroc.

Il présente le jeune Tholozan, l'officier millionnaire, dans les meilleurs salons de Rome.

Celui-ci n'a plus qu'à se laisser conduire pour devenir un véritable millionnaire.

Cependant il faut aller vite en besogne, et profiter aussi vite du crédit de ses puissants protecteurs, de ses confiants amis.

Un marchand de drap lui escompte un effet de 60,000 francs, pour avoir la fourniture des habillements de la cour papale; le banquier du cardinal lui avance 10,000 écus; un confiseur lui prête 5,000 francs, et le joaillier du palais lui vend 60,000 francs de bijoux que Collet lui payera, après un voyage qu'il doit faire à Turin.

Il part de Rome pour Turin, mais, comme on le pense, pour ne pas revenir; en partant il embrasse l'abbé Faux et se fait bénir par le cardinal Fesch.

A Turin, la scène change.

L'aumônier des Pères de la Mission s'est chargé de changer le tableau.

Après s'être disculpé auprès du supérieur du couvent qui, du reste, n'a plus vu revenir le frère Collet, l'aumônier a instruit la police du tour indigne de son compagnon.

Les pères de la Mission, le banquier du couvent, le commissaire de Capoue dévoilent au cardinal Fesch que le frère Collet, le marquis Dada et le capitaine Tholozan ne font qu'un seul et même escroc !

Le cardinal Fesch signale tous ces méfaits à la police de Turin.

A son arrivée dans la ville, le faux Tholozan flaire les agents qui l'épient, l'escortent et l'entourent.

Mais il n'est plus aussi novice qu'à Capoue. Il soudoie un agent et apprend par lui ce dont l'accuse une missive dénonciatrice du cardinal Fesch.

Cette fois, vêtu d'habit plus que modeste, il se présente au directeur des Postes, et lui dit :

— Monsieur, je suis officier français ; je sais qu'une lettre de monseigneur le cardinal Fesch me signale comme l'auteur de plusieurs abus de confiance indignes d'être commis par un homme qui porte l'épaulette.

L'homme des postes est ébranlé par l'air de conviction dont paraît animé le faux Tholozan. Du reste, s'il était coupable, se présenterait-il lui-même pour se défendre si loyalement ?

L'homme des Postes n'hésite pas à lui montrer la lettre accusatrice qu'il vient de recevoir de Rome.

Et le faux Tholozan répond à l'homme ébranlé qui lui demande ce qui a pu motiver de pareilles accusations : .

— J'ai provoqué en duel mon chef de bataillon, c'est par vengeance que les amis de mon supérieur ont avancé contre moi ces infamies !

Ce dernier est touché des malheurs de la prétendue victime. Il lui abandonne la missive dénonciatrice : et, supposant le prétendu officier dénué de toute ressource, il lui offre encore cinq francs pour continuer son voyage.

Collet quitte Turin, change de passe-port et d'habit, il va se cacher en Suisse après avoir mis en sûreté l'argent qu'il avait extorqué depuis son départ de Naples.

Après avoir envoyé à Belley, à sa mère, une part de ses rapines, sous un nom supposé, il se cache en Suisse chez un imprimeur ; il se fait passer pour un jeune homme ruiné par un procès de famille, n'attendant plus rien de la fortune de ses parents, et désirant se faire apprenti typographe.

Collet ne voulant en réalité que gagner du temps, laissa passer l'orage amoncelé sur sa tête par son irascible aumônier.

Comme on va le voir, notre escroc, malgré toutes ses prouesses, n'en était encore qu'au début de ses singuliers triomphes.

III

COLLET A LUGANO

Le refuge que Collet avait choisi à Lugano n'était qu'une retraite momentanée; il y resta une saison. Une fois bien certain que ses escapades n'ont pas transpiré, il dit que sa famille le fait rentrer dans ses biens; il se montre dans les salons, et propose aux désœuvrés de la ville de monter un théâtre à ses frais.

Sa proposition est accueillie avec joie. Collet, dans un but que l'on devine, se fait confectionner un habit de général, un costume de prêtre, un autre d'évêque, puis un autre de commissaire-ordonnateur. Il part de Lugano pour jouer sur un plus grand théâtre les rôles qu'il avait soi-disant préparés afin de charmer le loisir des paisibles habitants de Lugano.

Déjà en quittant le palais archiépiscopal, il s'était approprié certains modèles en blanc d'acte de prêtrise et une bulle de nomination d'évêque.

Une fois loin de Lugano, notre Collet se revêt de sa robe de prêtre; d'abord il prend le rôle d'un prêtre napolitain exilé. De relais en relais, il arrive jusqu'à Gap; cette fois, il est devenu un grave ecclésiastique, avec tonsure et calotte. Il s'annonce très-humblement chez le grand vicaire en exhibant ses papiers.

— Monsieur, lui dit assez dédaigneusement le dignitaire, depuis l'émigration, les prêtres abondent dans nos paroisses ; nos chapelles en sont plus pleines que de fidèles. Tout ce que je puis faire pour vous, c'est de vous concéder des messes à trente sous à la chapelle de la Miséricorde.

— Monsieur le grand vicaire, lui répond Collet qui oppose un air des plus modestes au ton superbe du prélat, je ne demande rien pour servir Dieu. Grâce au ciel et à l'Église dont je fais partie, je n'ai besoin d'aucun secours, et je crois qu'à Gap comme ailleurs, un honnête ecclésiastique peut vivre de ses 10,000 livres de rente.

— Ah! bah! mon frère... vous avez...

— Dix mille livres de rente au service de l'Église.

— Donnez-vous donc la peine de vous asseoir, mon très-cher frère... Reprend le grand vicaire, qui, ébahi, stupéfait, croyant avoir eu d'abord en sa présence un prêtre mendiant, ne sait plus comment excuser son insolence et réparer sa maladresse.

Pour se faire pardonner à l'opulent abbé, il le présente à Monseigneur l'évêque. Celui-ci l'admet à sa table et lui propose, entre la poire et le fromage, la cure de Monestier.

Un curé plus riche que son évêque ferait l'affaire de cette paroisse dont l'église tombe en ruine.

Et l'ancien curé venant de trépasser, notre Collet se rend à Monestier pour remplir aussitôt les fonctions du défunt.

Le grand vicaire de l'évêque devait bien cela à notre aventurier qui, de son côté, s'engage à réparer l'église à ses frais.

Voilà Collet curé ; il baptise, il confesse, il marie et enterre tous ses nouveaux paroissiens. Mais il ne perd pas de vue le but de son ignoble comédie ; un beau jour il dit à ses ouailles le motif apparent qui lui a fait accepter la cure de Monestier.

Il veut, dit-il, relever son église, il fait appel aux notables de l'endroit pour l'aider dans sa pieuse intention. Des quêtes sont faites, leurs produits sont versés dans les mains du saint homme.

Dans une dernière assemblée, composée des notables de l'endroit, on se cotise encore, afin que le généreux curé ne puise pas trop dans sa bourse pour les frais considérables de la réédification de l'église.

Il part béni de tous, pour aller chercher un architecte.... et ne plus revenir.

Cette fois Collet change de costume et d'emploi, il s'improvise commissaire général de brigade.

Il retourne à Turin, touche des indemnités de route et présente chez un négociant de la ville une lettre de change de 10,000 francs qu'il s'est fabriquée lui même.

Comme il craint que ses ouailles de Monestier et que les commettants de Turin n'aient des soupçons à la suite de sa trop longue absence, il se décide à revenir en France par la route de Côme.

Déjà l'alarme est donnée de Turin, comme il l'avait été e Florence ; Collet plus aguerri aux dangers de son droit métier ne se sauve pas comme il l'a fait à Lugano.

Le dernier costume qu'il a emporté de Suisse lui reste.

Quand les gendarmes rejoignent sa voiture, que trouvent-ils en place d'un général ? un évêque, un bienheureux prélat en soutane et culotte violette.

Le prélat paraît plus étonné que scandalisé de la rencontre des gendarmes ; il court à leur rencontre et leur crie :

— Mes bons soldats, cette contrée est infestée de brigands ; mon aumônier a succombé à la suite de ses frayeurs en présence des misérables que vous poursuivez. Je suis seul dans ma voiture, si vous voulez me conduire jusqu'à Nice, je vous excuserai auprès de vos chefs, et vous recommanderai dans mes prières.

Les gendarmes qui s'attendaient à une mercuriale de la part de Sa Grandeur pour s'être trompés si grossièrement, s'empressent d'escorter le bon évêque avec l'espoir d'une double récompense en ce monde et dans l'autre.

Collet arrive, ainsi protégé et escorté, chez l'évêque de Nice. Il explique à l'évêque pourquoi, lui, grand dignitaire de l'Église, il se trouve accompagné de gendarmes, puis renvoie ces derniers après les avoir grassement payés.

L'évêque de Nice pour faire oublier à monseigneur Pasqualini, — c'est ainsi qu'il se fait appeler, — les prétendues mésaventures qu'il a éprouvées, l'accueille avec les honneurs dus à son rang et à ses malheurs.

Il est reçu à l'évêché par monseigneur et ses deux vicaires ; il y dit la messe ; il ordonnance de jeunes aspi-

rants aux différents degrés de la hiérarchie épisco-
pale.

Mais Sa Grandeur s'ennuie à Nice, son rôle de comédien
qui n'aboutit à aucun coup de main, finit par le lasser.
Monseigneur Pasqualini annonce à l'évêque son prochain
départ pour Cannes.

Il grille d'autant plus de partir, que les gendarmes
peuvent revenir et ne plus respecter autant Sa Grandeur.

Lorsqu'il annonce son départ au bon évêque, celui-ci
lui dit :

— Vous ne partirez pas seul ; vous voyagerez cette
fois comme il convient à un évêque et je vous ai trouvé
un nouvel aumônier.

— Que de bontés ! s'écrie le faux Pasqualini, fort con-
trarié, au fond, du gênant compagnon qu'il doit à l'obligeance de monseigneur l'évêque.

Soudain la contrariété du faux évêque se change en
terreur, à la vue de l'aumônier en question.

Car, que reconnaît-il ? son ancien condisciple, l'aumônier des Pères de la Mission, à qui il a joué un tour
pendable à l'auberge des environs de Florence.

— Ce frère des Pères de la Mission, dit l'évêque m'est
particulièment recommandé ; comme il se rend à Cannes,
vous ne pouvez avoir un meilleur serviteur.

Collet reste ébahi, terrifié.

L'aumônier est impassible ; pas un muscle de son visage ne trahit son étonnement, ni son désir de vengeance.

Évidemment l'aumônier avait préparé cette rencontre de longue main ; Collet se rassure et il pense que notre homme ne l'a pas trahi parce qu'il espère, plus tard, se faire payer son silence.

Sans doute, il ne l'a rejoint que pour le rançonner ? mais comme le prix de la rançon serait trop fort, en raison des désagréments qu'il lui a causés, Collet se promet encore de se débarrasser de celui qui, tôt ou tard, ne peut que lui être funeste.

Après avoir eu l'air très-enchanté du compagnon qu'on lui destine, il se retire, s'habille en bourgeois, court la ville, avise quatre gaillards taillés en Hercule.

— Je suis, leur dit-il, l'évêque Pasqualini, je fais route avec un aumônier qui me rabat les oreilles de son prétendu courage. Voulez-vous m'aider à l'éprouver, il y aura vingt-cinq louis pour vous.

— Que faut-il faire, monseigneur, dit l'un d'eux qui paraît le chef de ces gaillards dont la mise suspecte est en parfaite harmonie avec le genre de service qu'il attend d'eux.

— Trouvez-vous ce soir avec des bâtons et des pistolets au coin du bois qui longe la route de Cannes, feignez d'attaquer ma voiture, surtout ne ménagez pas les coups au drôle dont je suspecte le courage.

— C'est fait, monseigneur !

Et Collet retourne à l'évêché ; il dit adieu à l'évêque qui le bénit, et emmène son aumônier qui ne peut s'empêcher de sourire de l'étrange méprise de son prélat.

Une fois hors de Nice, Collet en chaise de poste avec l'aumônier et qui, jusque-là, a gardé le silence, lui demande effrontément :

— Pourquoi vous êtes-vous permis de sourire à la bénédiction que m'a donnée monseigneur?

— Parce que d'un mot, reprend le subalterne qui le remarque, j'aurais pu faire changer cette bénédiction en malédiction ! Il ne s'agit plus de jouer la comédie; si vous ne partagez pas avec moi tout ce que vous avez volé depuis que vous êtes parti de notre couvent, je vous dénonce à la justice ! Je vous tiens, monsieur Collet.... Je suis encore un honnête homme, et si je veux oublier vos mauvais tours, si je consens à être un coquin comme vous, cela va dépendre du prix que vous mettrez à *notre* association.

— Vous êtes fou, monsieur l'aumônier....

— Oui, si vous n'étiez pas Collet.

— Eh bien, non, je ne suis pas Collet, je suis l'évêque Pasqualini.... et vous si vous n'êtes pas un fou, vous, c'est que vous êtes un voleur.

— Vraiment, alors les rôles sont changés?

— Non ! répond Collet, mais ils se continuent depuis l'évêché de Nice, où vos compagnons vous ont dépêché jusqu'à ce bois pour vous y attendre et m'y dévaliser !

Aussitôt des coups de pistolet se font entendre, Collet

met la tête à la portière et reconnaît nos quatre paysans qui s'élancent contre la voiture.

Notre aumônier n'est rien moins que brave, il se doute d'un nouveau tour de Collet; il se repent d'avoir attendu si longtemps pour préparer une revanche éclatante qui n'aboutit qu'à une défection nouvelle.

Les paysans sortent l'aumônier de la voiture plus mort que vif, ils l'accablent de coups, tandis que Collet s'écrie :

— Voilà toute ma fortune, mais sauvez mes jours et ceux de mon aumônier !

Alors le faux évêque sort de la portière une cassette qui ne contenait, en réalité, que les vingt-cinq louis promis aux misérables.

Le plus clair de l'affaire, c'est que l'aumônier reste sur la route assommé par les paysans ; le postillon, en activant ses chevaux, court ventre à terre, aussi effrayé que la victime, pendant que Collet reste seul, en riant tout haut, du nouveau tour qu'il vient de jouer à son vindicatif et cupide aumônier.

Ce malheureux fut laissé pour mort aux portes de Cannes ; et le pauvre monseigneur dépouillé se rendit à Grasse pour faire sa déclaration du vol dont il avait été, disait-il, la dupe.

Le postillon qui avait conduit monseigneur, qui avait eu aussi peur que son aumônier, grossit innocemment le danger.

Aussitôt les notables se réunissent pour instituer une quête qui produisit 8,000 francs au profit de Sa Grandeur.

Sa Grandeur allait partir, heureux de sa vengeance, très-satisfait de son aubaine, quand la fortune, qui n'est pas tout à fait aveugle pour les scélérats, lui ménagea une nouvelle faveur ; un honnête négociant, touché des dangers que l'évêque avait courus, vint le supplier de puiser dans sa caisse en ne lui demandant d'autres garanties que sa signature, sans fixer de délai au prélat.

Sa Grandeur fait des façons ; elle est si pauvre, sa susceptibilité n'ose profiter de l'obligeance du négociant ; celui-ci insiste, Sa Grandeur se décide à empocher trente mille francs en échange d'un bon signé Pasqualini, un billet à La Châtre !

Cette fois c'est fini des prouesses de Collet dans le sud-est de la France et de l'Italie ; il faut partir. Le bruit de ses escapades s'est répandu dans toutes les provinces ; l'aumônier n'attend que sa guérison, dans l'hôpital de Cannes, pour faire mettre sur pied la police de France et d'Italie.

Collet, cet acteur consommé, ce génie par excellence, a usé, du reste, de tous les costumes qu'il s'était fait faire à Lugano ; mais son autorité a grandi avec les sommes extorquées par lui et qui font déjà de lui un malhonnête millionnaire.

Collet ne peut plus se contenter d'être un simple travesti jouant dans une pièce à tiroirs. Il a vingt-six ans, il a une grande fortune, il doit donner à son rôle d'escroc une importance en rapport avec ses étonnantes facultés.

Où ira-t-il, si le bagne ne l'arrête pas ? A Paris, le rendez-vous de toutes les intelligences, où les plus grandes richesses coudoient les plus grandes misères.

En attendant, Collet qui est bon fils, envoie à sa mère une nouvelle somme d'argent ; il lui écrit qu'après avoir quitté l'armée, il s'est amassé un honnête pécule dans les fournitures militaires.

Puis, quittant la robe d'évêque, il se dirige en toute hâte vers Paris ; il descend dans un modeste hôtel, sous un nom plus modeste encore. Il rêve au moyen d'arrondir de plus belle sa fortune en usurpant les plus grands noms, à l'aide de coups de main qui sont restés fameux dans les annales de la chevalerie industrielle.

IV

COLLET A PARIS

Collet, à Paris, bien lesté, bien renté, erre en bon bourgeois dans les endroits les plus fréquentés de la capitale. Sa figure ronde et imberbe, son air naïf qui dissimule la subtilité de son esprit, lui donnent un cachet provincial dont il tirera profit à la première rencontre.

Le hasard le sert comme toujours, il reconnaît aux Tuileries M. de Saint-Germain, son protecteur qui naguère le fit entrer au prytanée de Fontainebleau.

Cet officier, en disponibilité, au visage souffreteux, aux habits sordides, est abordé par Collet qui, aussitôt, se jette dans ses bras et l'appelle son père.

M. de Saint-Germain ne reconnaît Collet que lorsqu'il a prononcé son nom. Comme cet officier a toujours ignoré sa désertion, Collet lui fait une histoire sur sa présence à Paris et sur l'origine de sa modeste aisance :

— A la suite d'une blessure au siége de Gaëte, dit-il, j'ai été incapable de reprendre du service ; je suis entré dans les bureaux des fournitures militaires, j'ai amassé par mon ordre et mes économies, un petit pécule là où tant d'autres, par leurs rapines, auraient amassé une fortune considérable.

M. de Saint-Germain paraît édifié des paroles de son ancien protégé, il le loue avec d'autant plus de sincérité qu'il a beaucoup à se plaindre des hommes de son temps.

— Ancien soldat de la République, lui répond-il, j'ai imité la conduite de votre oncle vénéré, -j'ai déposé les armes dès qu'elles servaient bien plus au maintien du trône qu'à la défense des droits de la nation. Et termine-t-il, si j'ai toujours des amis dans l'armée, le gouvernement ne me boude pas moins, il ne me pardonne pas mes opinions ! Mais, au profit de mes convictions, je préfère ma détresse aux faveurs de l'Empire.

Collet paraît vivement touché du dévouement de ce Spartiate français, il lui glisse, en tremblant et en lui serrant la main, un rouleau de cent louis.

Le vieux soldat rougit, mais il accepte néanmoins ce service ; Collet l'entraîne vers un traiteur du Palais-Royal, et lui dit :

— J'ai encore besoin de vous, cher monsieur; maintenant que je suis tout à fait guéri, je veux entrer dans l'armée et je compte donc sur votre crédit dans les bureaux de la guerre. Allons dîner, nous recauserons de tout cela.

Cette fois, M. de Saint-Germain ne se fait pas prier. Du reste, Collet, le neveu du volontaire de 92, Collet qui lui-même a fait le siége de Gaëte, qui a été fournisseur des armées.... sans s'enrichir, Collet ne peut, être qu'un honnête homme.

Le lendemain, après un nouveau dîner au Palais-Royal, Collet, par le canal de M. de Saint-Germain, se fait admettre dans l'intimité de deux chefs de division; il les séduit par des repas dignes d'un véritable fournisseur d'armée, et obtient une commission de lieutenant au 47ᵉ de ligne en garnison à Brest.

Il part à Brest, avec une malle remplie d'effets achetés à Paris : robes de prêtre, habits de général, ses travestissements favoris.

Pour Collet, pour ce comédien habile, les positions officielles ne sont que des situations temporaires. Son avenir n'est pas là. Une fois à Brest, il s'annonce comme un riche fils de famille, il prête de l'argent à ses camarades, paye des dîners à tous les officiers, et parvient, à peine installé à son régiment, à avoir une permission de deux mois.

Dès qu'il est hors de Brest, vite il revêt à Lorient une robe de moine.

A cette époque, la ville papale envoyait dans toute la
chrétienté des religieux chargés de quêter pour le réta-

Échange de politesses. (Page 212.)

blissement des couvents et églises abattus sous la Révolution. Comme ces quêtes catholiques étaient secrètes, en raison de leur but, alors Collet, sous un habit de moine de l'ordre de Saint-Augustin. fait, pour sa part, une rafle d'aumônes dans toute la Bretagne.

Son faux costume paraît aussi authentique que ses fausses lettres patentes chez toutes les dupes où il se présente comme un des défenseurs du trône et de l'autel.

Cependant, au Pas-de-Calais, on commence à avoir des soupçons, il est épié par la police.

Collet flaire les limiers; un jour, serré de près à quelques lieues de Boulogne, loin d'éviter les agents, il les excite pour mieux les dépister.

Notre Augustin improvisé entre, alors suivi de nombreux espions, dans l'auberge la plus mal famée des environs.

Une fois parvenu à la chambre de son hôtellerie, il y dépose son costume de frère augustin, il descend de sa retraite, après avoir caché sa robe dans le haut d'une cheminée, le voilà de nouveau revêtu de ses habits *naturels* de lieutenant au 47e de ligne.

Le lieutenant examine alors, d'un air d'autorité, les êtres de la maison ; il est devenu tellement méconnaissable, même aux yeux de l'hôtelier, que ce dernier le prend pour un véritable officier. L'aubergiste tremble, à son tour, pour l'Augustin dont il avait deviné, en connaisseur, les allures et la mission suspectes.

Collet passe avec assurance au milieu des espions qui

cernent la maison. A quelques pas de là, il est rejoint par un sous-officier dont le détachement est venu prêter main-forte au commissaire de police.

Le sous-officier appartient au régiment de votre escroc, celui-ci pousse une exclamation de surprise, et le sous-lieutenant s'écrie à la vue de son camarade :

— Tiens, Collet ! Que diable venez-vous faire ici ? Est-ce que vous voulez utiliser votre congé en m'aidant à arrêter des forbans?

— Que voulez-vous dire, cher ami ? Je ne vous comprends pas ! lui répond Collet feignant l'étonnement le plus complet.

— Cependant vous sortez d'une auberge où est entré un moine ?

— Je crois, en effet, en avoir vu passer un dans le bouge, mais il ne s'y est pas arrêté.

— Savez-vous le chemin qu'il a pris, et si vous le voyiez le reconnaîtriez-vous ?

— Vous voulez rire, cher ami, lui répond-il, est-ce que dans notre état nous nous occupons des gens tonsurés ?

— C'est que le moine est l'escroc qu'on cherche?

— Eh bien, ajoute Collet avec aplomb, c'est l'affaire de la police, une fois qu'elle aura découvert votre moine venez me rejoindre ! Dans ce diable de pays, je ne connais personne, et si je ne vous avais pas vu, Dieu me pardonne, on aurait pu me prendre, moi aussi, pour votre capucin, quoique je n'en aie guère la mine, convenez-en ?

Et Collet de rire, et l'officier de l'imiter en pensant à *l'absurde* supposition de Collet, supposition que la police aurait très-bien admise sans l'heureuse reconnaissance du sous-officier, et l'incroyable aplomb du maître escroc.

Collet retourna bientôt à sa garnison avec le sous-officier.

Après avoir fait l'inventaire de ses poches, il se trouve plus riche de 60,000 francs.

Arrivé à Lorient il annonce qu'il vient de faire un riche héritage. Il raconte la prétendue mésaventure, et comme quoi il risquait d'être pris pour un voleur, sans la rencontre d'un camarade de régiment.

Par reconnaissance, pour fêter et son retour et sa nouvelle fortune, Collet invite tous les officiers de son grade à un repas magnifique.

Les pieuses offrandes versées dans les mains de l'escroc servent à payer les frais d'une orgie, qu'il annonce comme la dernière.

— Mes parénts, dit-il, veulent absolument me marier, et avant peu je dois régler de graves intérêts.

On boit à la félicité du jeune lieutenant, personne ne devine en lui l'Augustin quêteur dont il raconte lui-même les bons tours, d'après les ouï-dire.

On devine déjà que Collet ne se fait si bien venir de ses camarades, ne parle tant de sa famille, de son prochain mariage, que pour se préparer un nouveau congé et s'apprêter à de nouveaux exploits.

Mais, comme dans l'intervalle, la police s'épuisait à chercher notre Augustin ; comme maître Collet ne pouvait plus, par la fuite, éviter les investigations de gens moins confiants, moins circonvenus que ses camarades, il confond alors les moins crédules par un trait exemplaire.

Un jour, grâce à la réputation de générosité qu'il s'est faite, une mère que la misère a réduite aux abois, lui dépêche son fils, un enfant de quatre ans.

Après avoir jeté les yeux sur la lettre anonyme que lui présente cet enfant, au nom de sa mère éplorée, Collet considère longtemps le jeune garçon ; son joli visage ne pouvait qu'intéresser en sa faveur.

Collet se trouvait en ce moment avec un officier de ses amis, il lui montre la lettre et l'enfant, comme pour le consulter. L'officier lui répond d'un air de dégoût :

— C'est sans doute quelque fils de bohémienne ; s'il fallait s'occuper des enfants des autres, votre fortune et celle de l'État n'y suffiraient pas !

— Vous pouvez être dans le vrai, réplique Collet, mais quelquefois il est utile de placer son cœur au-dessus de sa raison. Au moment de me marier, je crois que je serais malheureux, moi-même, si je refusais de rendre heureux ce petit être que la Providence m'envoie, et je veux que son bonheur soit garant du mien.

— Vous êtes fou ! fait l'officier en haussant les épaules.

— Non, répond Collet, je suis superstitieux !

Puis, accompagné de son ami, il va chercher une nourrice, lui confie l'enfant avec huit mille francs pour les huit premières années.

Tout s'exécute en vertu d'un acte qui achève de placer l'officier magnifique au rang d'un saint Vincent de Paul.

Et il ne fut plus question, autour de lui, du faux Augustin ; c'était ce qu'il voulait.

L'escroc avait encore un autre but.

Par cet héritier, qui ne portait pas son nom, il comptait mettre à l'abri, un jour, le fruit de ses rapines en les reportant sur une tête non flétrie !

Comme l'argent n'a pas de nom, il préparait sa famille à défendre les intérêts de ce jeune garçon, qu'il voulait faire plus tard le détenteur de ce bien mal acquis.

Aussi, envoya-t-il nourrice et enfant aux environs de Belley, où séjournait sa mère déjà très-régulièrement *rentée* par ce singulier fils, apprenant dans tout le pays à bénir son nom, qui n'était pas encore, pour la postérité, synonyme d'escroc !!!

Nous voici arrivés à la dernière phase de la vie de Collet, à la phase la plus brillante, où, sous une nouvelle transformation et sous le titre de général inspecteur, il ne s'attaque plus aux fortunes privées, mais aux caisses publiques de l'État.

L'audace de Collet, l'impunité dont elle est toujours suivie, s'explique par l'absence de contrôle dans l'administration de cette époque où, en 1810, l'on avait l'habitude d'obéir sans raisonner, de s'incliner militairement devant toute supériorité hiérarchique. Du reste, Collet le comédien, Collet le maître escroc, savait si bien payer de sa personne et se parer de la dignité qui convenait au costume dont il était revêtu !

Sa parole brève, son air sérieux, sa démarche imposante, son sourire affectueux, n'étaient-ils pas autant d'égides contre ceux qui l'auraient accusé d'être ce qu'il était en réalité : le plus audacieux et le plus fourbe de tous les chevaliers d'industrie ?

V

COLLET, LIEUTENANT DU 47ᵉ DE LIGNE

Collet, le lieutenant du 47ᵉ régiment, caserné à Lorient, ne pouvait longtemps rester inactif. Et, en 1812 surtout, l'occasion était très-belle pour notre Collet; l'empereur, dans le Nord, commençait à lasser la victoire : dans le Midi, l'Espagne luttait contre notre armée. Au midi l'amour de la patrie la décimait, au nord l'hiver la dévorait !

A cette époque on eût dit que l'empereur avait emporté avec lui l'âme de la France ! Il ne restait à la nation que le spectre de cet empire représenté par une organisation administrative chancelante, despotique, recevant chaque jour, de son chef absent, des ordres et des contre-ordres extraordinaires.

Un moment, le conspirateur Mallet menace de faire écrouler l'édifice impérial par ces seuls mots : *l'Empereur est mort.*

Aussitôt Collet écrit à sa mère et la dirige sur Lorient.

Après lui avoir fait sa leçon par une lettre qu'il lui a envoyée à Belley, il la présente à son colonel, dans ses plus riches atours ; il dit à son chef devant sa mère :

— Mon colonel, je me marie dans un mois, je vous présente ma mère, elle vient se joindre à moi pour vous prier de m'accorder un nouveau congé ; croyez qu'il faut cette impérieuse nécessité pour vous demander, dans les circonstances actuelles, cette nouvelle permission.

Le colonel, qui voit dans madame Collet une dame du monde, dont le visage respectable ne peut lui inspirer aucune défiance, consent à accorder ce congé, malgré les événements qui forcent l'armée de l'intérieur à caserner ses soldats et officiers.

Madame Collet, qui, depuis longtemps, ne vit que par son fils, qui occupe, grâce à lui, dans Belley, une position de dame aisée et qui s'est habituée à faire toutes ses volontés, ne peut cependant s'empêcher d'un certain étonnement pour le manége auquel son fils l'a employée.

Une fois sorti de chez le colonel, son congé en poche, Collet dit à sa mère, afin de détourner ses soupçons :

— Retournez dans le Midi, je vous rejoindrai à Montpellier, avant de vous conduire à Belley. Rassurez-vous, si j'ai fait un mensonge au colonel, au sujet de mon prétendu mariage, c'est que je ne pouvais dire la vérité. Les officiers casernés à Montpellier me doivent des sommes importantes depuis six ans, alors que j'étais commissaire des guerres, c'est pour faire rentrer ces sommes que j'ai sollicité ce congé. Bonne chance, ma mère, embrassez-moi, et priez Dieu que je réussisse pour vous comme pour *notre fils*.

L'escroc, qui aimait sa mère au point de lui donner une part de ses indignes aubaines, faisait alors allusion à l'enfant récemment adopté par lui, le but nouveau de ses déshonorants exploits, et que sa mère aimait aussi comme son propre enfant.

Étrange homme que ce Collet ! Il devait devenir l'objet de l'exécration publique, et dans la vie privée rester un objet de sympathie qui, pour ses proches, tourna jusqu'à l'adoration, même quand il fut démasqué.

Madame Collet, à demi satisfaite des explications de son fils, partit de Lorient pour attendre Collet à Montpellier.

Collet se dirige sur Paris.

En ce moment la conspiration de Mallet est avortée, l'Espagne se soulève de plus en plus contre nos généraux.

Le génie du fripon s'élève à la hauteur des événements politiques. Il part de la capitale avec un plan de campagne, il se fabrique une commission qui lui donne des pleins pouvoirs pour organiser une armée en Catalogne. Il achète de nouveaux uniformes : une fois sorti de Paris, il se dirige vers le Midi, dépouillant le lieutenant pour se personnifier dans les habits d'un inspecteur général.

Il devient le général comte Charles-Alexandre de Borromeo ; il voyage en grand costume, et se rend à la place forte de Valence.

Il se fait annoncer au commandant de la citadelle. Le commandant éprouve bien quelque surprise à l'arrivée inattendue de l'inspecteur général, et ne peut s'empêcher de lui demander à voir son brevet de commissaire.

Le comte Borromeo se redresse, et dit au commandant :

— Je vous pardonne cette méfiance, en raison de l'état de crise dans lequel se trouve la France ; voyez et assurez-vous par vous-même de mon identité.

Mais en lui montrant sa commission, l'inspecteur étale adroitement aux yeux du subordonné une brochette de décorations, que sa main semble d'abord avoir cachées comme par hasard.

Le commandant, ébloui par ces nombreux insignes de l'honneur, rend en balbutiant, sans les lire, les brevets de l'officier ministériel ; mais le général inspecteur lui serre la main, d'un air qui semble lui dire que lui-

même, à sa place, n'eût pas été exempt d'une égale surprise.

Le commandant, qui tient à faire oublier son premier
acte de méfiance, donne des ordres pour qu'à la sortie
de la citadelle le général reçoive les honneurs dûs à
son grade, à son titre, à ses fonctions.

On prend les armes, on le conduit jusqu'à son hôtel,
où Collet est visité par toutes les autorités civiles et
militaires.

Alors il manifeste le désir de passer, pour le lendemain, toute la garnison en revue.

A l'heure fixée, Collet dans son plus bel uniforme, où
brillent toutes les *constellations* des ordres militaires,
fait l'inspection des troupes sur le glacis de la citadelle.

Collet s'avance lentement, il paraît satisfait du coup
d'œil uniforme des troupes. Un chef de bataillon, dont
la figure est labourée de glorieuses cicatrices, fixe particulièrement son attention. Comme un général ne marche pas sans état-major, il prend ce vieux brave à sa
suite.

Afin de donner plus d'éclat à cette revue, et pour
qu'elle ait l'importance nécessaire, il décore quelques
officiers, il détache de son habit une de ses croix, il la
place sur la poitrine du chef de bataillon qui a vieilli
dans les guerres de la Vendée sous le soleil des Py-
ramides!

Puis notre inspecteur général le nomme lieutenant-
colonel, il en fait son premier officier.

Le vétéran pleure de joie ; il embrasse le comte Borroméo aux yeux de l'armée vivement impressionnée ; on bat aux champs, les troupes défilent devant le grave général ; il les salue de la main, en faisant piaffer son cheval, avant de se retirer au bruit de la musique.

Cette première revue n'est que le prélude de la revue plus sérieuse qu'il doit faire aux caisses publiques.

Ces ovations en l'honneur de, son inspection d'emprunt ne sont que des moyens. Le but, c'est de s'approprier la fortune des villes où passe monsieur l'inspecteur pour aller accomplir sa prétendue mission en Catalogne.

De ville en ville, le général comte de Borromeo, en grossissant de plus en plus son état-major, se fait ouvrir les caisses publiques avec une égale impunité.

Partout, son habit doré qui luit au soleil appelle au bruit du tambour, au son du clairon, les soldats, qui lui présentent les armes. Partout, à la suite d'une distribution de croix qui ne lui coûte pas plus que son brevet de général, partout Collet se fait ouvrir les caisses de l'État.

Après avoir soustrait à Valence 20,000 francs, il en prend 115,000 à Avignon, 200,000 à Marseille, et 30,000 à Nîmes !

Le fortuné général, gorgé d'or et d'honneur, arrive à Montpellier.

Tout le bruit qu'il a fait autour de lui, tous les triomphes qu'il a amassés, vont bientôt se tourner contre sa grandeur.

Grisé par les honneurs, emporté par son audace, il oublie à Montpellier qu'il a donné rendez-vous à sa mère.

Cet oubli, au milieu de son triomphe, sera cause de son Waterloo.

Au moment où il entre à Montpellier avec son état-major, reçu par le préfet, acclamé par la multitude, au moment où il parade, en brillant costume, devant toute une armée, comme l'eût fait un général blanchi sous les armes, une voix sort de la foule, et s'écrie :

— C'est lui ! mais c'est Collet ! mon fils !

Cette voix retentit comme une menace du ciel, prête à écraser le triomphateur, comme une protestation contre toutes ces ovations ! C'est la voix de sa mère, attirée comme tant d'autres sur le passage du brillant général.

Et une autre voix répond aussitôt à la femme étonnée:

— Je savais que l'Empire improvisait des bien fortunes militaires, mais j'ignorais qu'en moins de six ans l'Empire pût faire d'un obscur lieutenant l'égal d'un maréchal de France.

Madame Collet se retourne vers celui qui vient de prononcer ces paroles, elle aperçoit un moine, un dominicain, qui lui est inconnu.

C'est l'aumônier de l'hôpital de Gaëte, celui qui avait aidé Collet à déserter le régiment pour entrer dans les ordres, et qui avait été si mal payé par lui, d'abord en faisant passer son aumônier pour un faussaire, ensuite le laissant pour mort dans une posada des environs de Naples.

Aussi, depuis que l'ancien compagnon de cellule de Collet est revenu à la vie, a-t-il résolu de se venger de son bourreau, mais en silence, dans l'ombre comme il convient à un prêtre.

Il a été à la cour de Rome, il a vu le cardinal Fesch; sous prétexte de faire des sermons dans les principaux diocèses de France, il s'est mis à la recherche de notre escroc.

L'aumônier lui en veut d'autant plus, qu'un moment il s'est livré à lui, en lui proposant naguère de partager dans ses rapines.

Les équipées de l'Augustin, frère quêteur, les soustractions du général commissaire ne lui sont pas inconnues.

Il a suivi avec une patience de moine, avec une rancune de prêtre, notre escroc dans toutes ses pérégrinations; mais comme il a appris à ses dépens à se défier du contact de Collet, il a laissé agir la police, avant de l'aider dans ses recherches.

Il a attendu que les saignées faites par le comte Borromeo dans les caisses publiques aient mis en défiance les préfets de département.

Il sait qu'à Montpellier un ordre est arrivé de Paris, du Ministère de la police, pour surveiller de près celui qui puise avec tant de sans-façon dans le trésor public.

Le dominicain a suivi Collet depuis Nîmes, et par une

lettre anonyme qu'il a écrite à Fouché, il l'a averti des faits et gestes du général inspecteur, chargé de réorganiser l'armée de Catalogne.

Alors un mandat d'amener a été lancé contre le faux général.

Lorsque madame Collet, abusée comme la foule, très-repentante déjà de ces paroles en reconnaissant son fils, veut interroger le dominicain qui a répondu à son étonnement, ce dernier a disparu.

L'ancien aumônier se rend alors chez le commandant de la gendarmerie, un nommé Grasse, il lui dit:

— Nous tenons notre faux général?

— Êtes-vous bien sûr au moins que cet officier supérieur soit l'escroc que nous cherchons? lui répond celui-ci avec défiance.

— Il n'y a pas à en douter, c'est un ancien moine !

— Voudriez-vous alors vous rendre avec moi, au moment où nous l'arrêterons ?

— Y pensez-vous! réplique au commandant l'ancien aumônier, qui craint que Collet ne lui rappelle ses propositions, quand il s'était fait complaisamment son complice. Je ne puis compromettre mon sacerdoce. Si vous avez peur de ce misérable, si vous croyez que je suis moi-même trompé par une fatale ressemblance..... eh bien ! rendez vous avec sa mère, qui a reconnu aussi notre escroc, à l'hôtel de ville, où on l'emmène en ce moment.

— Très-bien, je vais suivre vos conseils, répond le

commandant, qui, un instant avait été séduit comme les autres par les brillants dehors du comte Borromeo.

Lorsque Collet se dirigeait vers l'hôtel de ville, au milieu du plus grand enthousiasme, comme peut en provoquer un roi entouré de ses sujets, le commandant des gendarmes se rendait chez madame Collet; il la priait de vouloir bien l'accompagner vers le préfet, où l'attendait son fils, monsieur le général inspecteur.

La pauvre femme, guidée par un instinct tout maternel, se doute que son fils est menacé d'un grand danger, quoique le prudent commandant n'ait pas l'air de suspecter la bonne foi de l'illustre hôte du préfet de l'Hérault.

Les appréhensions de la mère de Collet ne font que lever les scrupules de Grasse, pour démasquer devant le préfet ce fourbe qui a su devenir l'objet de l'enthousiasme universel.

Grasse a donné l'ordre à ses gendarmes d'entourer l'hôtel de la préfecture où l'on fête déjà M. l'inspecteur dans un dîner magnifique.

Grasse conduit galamment madame Collet par la main vers les appartements de l'hôtel de ville.

Durant le trajet, madame Collet n'a soufflé mot ; depuis sa rencontre avec le dominicain, elle a peur de comprendre ; son âme est en deuil !

Elle ne peut plus estimer son fils ; mais ce n'est pas moins son enfant, elle se promet à tout prix de le sauver.

Plus elle approche du lieu du festin, plus madame Col-

Albinus et son ami. (Page 212.)

let se raffermit dans sa résolution.

Enfin elle arrive à la salle avec le commandant. Une musique délicieuse se fait entendre derrière une tapisserie, pendant qu'un luxe tout royal entoure les convives d'à côté.

Le préfet de l'Hérault, à qui le faux comte Borromeo a promis le cordon de grand officier de la Légion d'honneur, n'a trouvé rien de trop splendide pour recevoir, comme il convient, monsieur l'inspecteur, le dispensateur des faveurs impériales.

Au moment où la joie la plus complète brille sur les visages, où le bruit des verres se mêle aux toasts les plus chaleureux, le commandant de la gendarmerie, accompagné de la mère de Collet, ouvre brusquement la salle.

Il crie à Collet, devant les convives stupéfaits :

— Général, vous n'êtes qu'un imposteur ! cette femme, votre mère, peut l'attester ; et, au nom de la loi, je vous arrête !

Alors Collet, mais trop tard, se rappelle le rendez-vous qu'il avait donné à sa mère, il tombe écrasé sous les paroles du commandant, frissonne d'horreur et de honte !

Quant au malheureux préfet, il se croit sous l'influence d'un mauvais rêve, surtout quand le commandant met lui-même la main sur l'épaule du brillant général inspecteur. Adieu son grand cordon de la Légion d'honneur, la mystification de notre escroc va le rendre la fable de toute la ville.

Grasse enjoint à notre fripon de sortir de table ; son état-major en déroute s'apprête à quitter la salle, quand des gendarmes apparaissent, à leur tour, pour cerner les convives à tous les coins.

Le préfet, honteux et confus, essaye un moment de protester contre cette arrestation ; il veut douter encore, il lui reste un espoir, il se tourne vers madame Collet et lui demande :

— Est-il vrai que cet homme soit votre fils ?

Collet, à cette question, s'y arrête comme à une ancre de salut ; il fait appel à son audace, se rapproche de sa mère, tenue en respect par les gendarmes, la regarde fixement et lui souffle ces mots à l'oreille :

— Ne me reconnaissez pas, ou vous vous perdez avec moi.

Le commandant qui tient toujours notre fripon, dit impérativement à la femme, comme pour ne laisser aucun espoir au préfet :

— Répondez, madame ?

La pauvre femme, placée dans l'alternative de mentir à la justice ou de perdre son fils, se trouble, balbutie ; enfin elle se décide à dire, au milieu de l'attente générale :

— Je me suis trompée, je ne connais pas monsieur !

Et la malheureuse femme se sauve pour cacher sa honte et ses larmes ; elle s'éloigne comme une folle de l'hôtel de ville, pendant que l'on cherche en vain l'aumônier pour déposer à son tour contre notre escroc.

Mais l'aumônier a jugé prudent de déguerpir ; il est payé pour se méfier des représailles de Collet, tout déchu qu'il est.

Quant à lui, le voilà traîné en prison, précipité de toutes les grandeurs, lui qu'une heure auparavant les habitants de la ville portaient en triomphe !

Le plus triste de cet épisode, c'est que les innocents officiers qui formaient son état-major, jusqu'au vieux soldat d'Aboukir, sont aussi jetés au cachot.

Les dupes du fripon sont considérées commes ses complices.

Ce dernier tour de Collet a un retentissement éclatant ; mais par la dénégation de madame Collet, par l'absence calculée de l'aumônier, il est impossible de constater l'identité du faux général, et son état-major est relâché.

Malgré la défection de notre escroc, la fortune ne l'a pas abandonné entièrement. La ruse de son esprit, son tact de comédien, devront de nouveau lui faire ouvrir les portes de sa prison, et le rendre à la liberté.

C'est le préfet de l'Hérault qui va d'abord se charger de ce soin.

Le fonctionnaire, qui a fini par rire, comme toute la ville, de la mystification dont il a été le triste héros, veut un jour prendre sa revanche.

Dans un dîner donné aux notables de Montpellier, il désire les récréer par la présence de son curieux et illustre prisonnier ; il leur promet de le leur faire voir au dessert.

Les portes de son cachot s'ouvrent ; en attendant la fin du repas, on fait attendre notre captif dans une des cuisines de l'hôtel de ville, gardé par une escouade de gendarmes.

Collet, dont l'esprit pénétrant saisit les moindres chances qui peuvent lui être favorables, conçoit aussitôt un plan d'évasion.

Il prend dans la cuisine deux plats de crème, se revêt d'un gilet, d'un tablier blanc, couvre sa tête d'un bonnet de coton, puis passe hardiment, comme un chef de cuisine, ses deux plats à la main, au milieu de tous les gendarmes.

Quand le préfet annonce l'arrivée du coquin à ses convives, un gendarme lui annonce la nouvelle mystification de Collet.

Le préfet honteux et confus apprend trop tard ce qu'il en coûte pour jouer avec le feu, c'est-à-dire avec un fripon de l'espèce de Collet.

Le préfet entre dans une violente fureur. Il met en campagne toutes les brigades; les recherches sont vaines, notre préfet en est pour ses frais de poursuite. Cependant Collet n'est pas loin, il est logé en face de la préfecture.

Il a pensé, à juste raison, qu'on n'aurait pas l'idée de le chercher si près. Tous les matins il voit de sa fenêtre monsieur le préfet se faire la barbe, gardé à vue par les gendarmes, mis aux arrêts, lui-même, en punition de sa maladresse !

Collet, avant de sortir de sa cachette, — mansarde que lui avait louée un maître maçon de la ville, — s'informe adroitement si le bruit de ses exploits, si l'identité de sa criminelle personnalité ne sont pas connus à Lorient. Il écrit à l'un de ses amis de sa garnison, il est bientôt convaincu qu'on n'a aucun soupçon sur le lieutenant du 47e de ligne.

Avant que les arrêts du préfet, deux fois mystifié, soient levés par le ministre, Collet se décide à rejoindre son corps, à prendre congé de l'honnête maçon qui lui a donné l'hospitalité, après avoir eu la satisfaction de voir, captif à son tour, l'illustre fonctionnaire qui, le premier, l'avait retenu prisonnier.

Par reconnaissance, Collet quitte son hôte en le dévalisant !

Il faut que Collet laisse partout des traces de son génie.

Ainsi que nous le verrons encore, le mobile de ses actions, la cupidité, est toujours distrait par son amour de l'art pour l'art ; Collet est un comédien doublé de voleur: un double artiste !

VI

LE BANQUIER DES RÔDEURS DE BARRIÈRES

En 1819, quelques années après les événements que

nous venons de raconter, il existait à Paris, près de la barrière de Pantin, un écrivain public dont l'échoppe était adossée à la boutique d'un marchand de vin, à l'enseigne de *la Providence*.

Le propriétaire de cette échoppe n'était installé que depuis un mois dans ce quartier. Son prédécesseur étant mort, il avait acheté son échoppe avec sa clientèle.

Le nouvel acquéreur était petit, trapu, à la figure ronde, assez éveillé, quoique ses allures accusassent aussi bien le prêtre que le soldat.

Un taffetas noir lui cachait l'œil droit et faisait ressortir son nez retroussé, sa bouche souriante et mobile ; un chapeau à larges ailes achevait de singulariser sa physionomie. Il se faisait appeler M. Bonnemain. Comme son prédécesseur, il passait dans le quartier, moins pour rédiger des pétitions, des lettres à ses clients, que pour prêter à usure et spécialement aux misérables ayant pour profession de faire entrer en fraude les marchandises frappées par le fisc.

L'échoppe de cet écrivain public s'accôtait, comme nous l'avons dit, à la maison d'un marchand de vin ; le propriétaire de l'établissement était un contrebandier répondant au nom de *Giret*. Les caves de cet industriel s'étendaient en deçà de Paris ; la nuit, des bateaux s'arrêtaient au canal en face d'une ouverture pratiquée sous l'arche d'un pont pour faire couler dans les caves extra et intra muros, les barils de vin entrés en fraude.

A la suite de la maison **du** marchand de vin s'élevait une autre petite boutique, non moins misérable que l'échoppe de l'écrivain, celle d'un Auvergnat, revendeur de vieilles ferrailles, le sieur *Najac*.

Cet Auvergnat déguisait, par son état apparent, sa véritable profession de prêteur à la petite semaine. Najac était très-connu à la barrière de Pantin, il tenait dans ses mains la fortune des détaillants forains du quartier de la Rotonde et de son marché qui n'existe plus aujourd'hui, marché situé sur la place formée par le coude des barrières de Pantin et de la Villette, et désigné sous le nom de *Petit Temple*.

Quelquefois Najac et Givet disparaissaient pour des mois, pour des années même de leur établissement.

Alors un camarade tenait leurs maisons, il continuait, pour eux, leur commerce. C'était quand ces premiers allaient expier en prison les méfaits commandés par leur indigne profession.

En prison, ils avaient connu le prétendu Bonnemain ; ils l'avaient engagé à se faire, avec eux, le banquier des petits marchands de barrières, le commanditaire anonyme des rôdeurs et contrebandiers.

Ce prisonnier, qui venait de faire ses six années de réclusion et que nous retrouvons sous le nom de Bonnemain et le déguisement d'un écrivain, quoiqu'il fût réellement dans la peau d'un usurier et d'un repris de justice, c'était Collet !

Oui Collet, devenu l'humble écrivain public, le petit banquier des rôdeurs et des contrebandiers de barrières!

Par quel contre-temps le majestueux général inspecteur, le respectable évêque, l'homme classé dans l'armée comme dans l'église était-il tombé aussi bas? Comment pour la première fois s'était-il mis hors la loi, s'était-il associé à de véritables bandits?

Par une faute impardonnable que lui avait fait commettre, six ans auparavant, le démon de l'escroquerie. Une fois revenu à son régiment, après s'être sauvé des griffes du préfet de l'Hérault, il avait rencontré un commis de la maison de Grenoble, il avait capté sa confiance et lui avait négocié une fausse lettre de change de 12,000 francs, sur laquelle il avait reçu 5,000 francs.

Le commis apprit bien vite que la traite était fausse; Collet ne put cette fois quitter son régiment sous aucun prétexte, le commis escroqué porta plainte à son colonel, et Collet fut condamné comme faussaire en écriture de commerce à cinq ans de travaux forcés!

A cette époque, sa mère intervint, elle se rendit à Grenoble, elle voulut désintéresser largement la maison de commerce; cette démarche, quoique sans résultat apparent, ne fit que confirmer la justice qu'elle n'avait devant elle qu'un jeune homme coupable d'un entraînement isolé.

Du reste, sa famille s'employa pour le sauver ainsi que l'ami de son oncle, M. de Saint-Germain; l'argent acheva le reste.

Et le condamné, durant ces cinq années, fut traité avec bienveillance, lui-même eut l'art de se faire aimer de tous ses chefs, et sur la fin de sa captivité il fut nommé aide geôlier.

Ce fut dans la prison de Grenoble qu'il fit connaissance de *Najac* et de *Givet* ; tous trois arrêtèrent le plan de se faire, une fois libres, les chefs et les banquiers des rôdeurs de barrières et contrebandiers de Paris.

Son temps fini, déguisé en écrivain public, sous le nom de Bonnemain, Collet s'associa donc à Najac le prêteur à la petite semaine et à Givet le contrebandier.

Tous les jours ces trois chefs avaient sous leurs ordres une bande parfaitement organisée, composée de pousseurs de bateaux, saltimbanques, marchands forains, rôdeurs, sans état reconnu, mercenaires de l'association *Najac*, *Givet* et *Bonnemain*, faisant un commerce aussi lucratif qu'illicite.

Najac, l'Auvergnat, recevait des pousseurs de bateaux et des débardeurs tous les objets volés sur le port ; Givet les recélait dans ses caves à double sortie, Bonnemain faisait tous les frais de l'expédition en empochant le plus clair des bénéfices.

Un beau jour, les deux associés se lassèrent de donner la part du lion au prétendu écrivain public.

Tous deux formèrent le complot de déloger de la Villette et d'emporter avec eux 50,000 francs que le prétendu Bonnemain leur avait prêtés pour opérer une nouvelle capture intra-muros.

Par malheur, ils associèrent à leur projet un nommé *Goliath*, un pousseur de bateaux, sauvé de la misère par Bonnemain ; car celui-ci, pour se faire bien venir de la bande, n'était jamais très-exigeant à l'égard de ses employés. Aussi Bonnemain passait-il dans le quartier pour un original, un juif, mais un usurier bienfaisant !

Sitôt que Collet apprend le dessein de ses indignes associés, il déchire le bandeau qui le défigure, laisse au fond de son échoppe ses habits sordides de plumitif, il se présente au bureau de l'octroi dans le costume d'un employé supérieur de la douane.

Collet est transfiguré, il a l'air digne et imposant, il se présente avec aplomb devant le brigadier et lui dit :

— Monsieur, depuis six mois l'État est frustré, le domaine est la proie de hardis fraudeurs qui, à votre nez, à votre barbe, passent chaque jour, en fraude, les vins les plus rares. J'ai ordre de conduire votre brigade dans le repaire de ces bandits, de les surprendre moi-même ; puisque vous n'avez pas compris jusqu'ici votre mission et vos devoirs... veuillez me suivre.

L'impudent Collet conduit les employés du fisc, tout penauds, par cette remontrance, au nid de Najac et de Givet ; c'était au moment où ceux-ci se disposaient à faire passer, par leurs doubles caves, les tonneaux de vin qu'on recevait de l'autre côté des murs de Paris.

Collet, pendant l'arrestation, a bien soin de rester à la porte des caves, avec un piquet de ligne qui garde la maison dans laquelle Najac et Givet se partagent déjà les bénéfices de leurs rapines et le capital avancé par leur complice.

Alors Collet donne l'ordre d'envoyer à la douane les tonneaux confisqués ; mais il empoche d'abord ses cinquante mille francs, qu'il a mission, dit-il, de faire rentrer dans les caisses de l'administration, il se sauve avec son argent avant qu'on emmène Najac et Givet.

La garde, une fois dans les caves mystérieuses de l'auberge de Givet, mit enfin la main sur les principaux rôdeurs de barrières, qui, depuis plus de dix ans, en leur qualité de bandits et d'assassins, répandaient la terreur dans toutes les banlieues.

C'étaient les nommés *Poullaillon*, *Canniret*, dit le *Planteur*, *Gamache*, *Latorche*, *Crépion*, dit le *Beau Léandre*, *Sidou*, *Malapris*, *Filasse*, *la Tante*, *le Requin*, *Canapa*, *le Faucon* et *la Comète*, etc., etc.

Une fois en possession de ces cinquante mille francs, Collet se hâte de déguerpir, sans attendre l'arrestation de ses deux complices et de leur bande.

Alors notre homme avise un fiacre et se fait conduire au centre de Paris.

En route, il se débarrasse de son uniforme, il se revêt d'une redingote qu'il avait tenue sous le bras et les plis de son manteau d'uniforme.

Ainsi déguisé en bourgeois, il arrête le fiacre pour déposer dans un lieu caché le costume officiel qui l'avait aidé à se venger de ses complices, et qui maintenant ne peut que faire attirer sur lui les représailles de l'administration, ou les rigueurs de la justice.

Il se trouve rue Grenetat, qui, en ce temps-là, était une rue inégale, sombre et mystérieuse, remplie d'hôtels borgnes où venaient se cacher les forçats en rupture de ban, les ouvriers sans feu ni lieu, ou les voyageurs de commerce en parties fines.

Ces hôtels avaient des enseignes comme celles-ci : *Au Cygne de la Croix* (un cygne entrelacé dans une croix), *à la Croix de Lorraine, au Puits sans eau, au Rendez-vous des Francs Bourguignons.*

Au moment où Collet va enfiler cette rue pour choisir son hôtel le plus malhonnête, une jeune femme, portant un carton à chapeau, une modiste aux traits altérés, à la mise plus que modeste, quoique d'une grande élégance de manières, fixe aussitôt son attention.

Il la suit, la regarde de plus près ; il reconnaît dans cette jeune personne d'une grande beauté, qui ? la fille de son ancien protecteur, M. de Saint-Germain, qu'il avait vue, quelques années auparavant, aussi heureuse, aussi charmante, qu'il la revoyait alors triste, désolée.

Collet la voit entrer à l'auberge de *la Croix de Lorraine*. A son tour, il pénètre dans l'hôtel et demande à l'aubergiste :

— Pouvez-vous me donner la chambre contiguë à celle qu'a choisie cette jeune fille qui vient d'entrer chez vous ?

— Très-volontiers, répond l'hôtelier, au courant de ces sortes d'aventures.

Après avoir conduit Collet dans une misérable chambre dont les cloisons mal jointes permettaient de voir ce qui se passait dans l'autre pièce, l'aubergiste se retira payé très-grassement par son hôte.

Après s'être mis à brûler dans un poêle de fonte chauffé à blanc l'uniforme qu'il portait à la barrière de Pantin, Collet fut tout à ce qui se passait dans la chambre d'à côté, où se tenait la fille de son bienfaiteur.

Un jeune homme venait de la rejoindre, c'était un garçon à la figure très-honnête ; un profond chagrin se lisait aussi sur ses traits. Il disait à mademoiselle de Saint-Germain :

— Marie, c'en est fait de nous ! mon père ne veut consentir à notre mariage qu'à une condition, c'est que vous m'apportiez une dot de quarante mille francs !

— Alors, répliqua Marie, je n'ai plus qu'à mourir ! mon père est un officier qui n'a que sa pension de retraite, bien minime encore depuis le retour des Bourbons ; moi-même, vous le savez, j'ai été obligée de me faire modiste, d'accepter une condition pour aider mon père à vivre ; et, ce que vous n'ignorez pas non plus, c'est que mon père place l'honneur bien au-dessus de la fortune ! Or, Alfred, je n'ai plus le droit de m'asseoir au foyer paternel, et puisque je ne puis être à vous, je n'ai plus qu'à mourir !

— Eh bien ! chère âme, mourons ensemble ! s'écria le jeune homme désespéré.

Alors il embrassa dans une étreinte fiévreuse la pauvre fille, enceinte depuis trois mois, bien décidée à mourir, parce qu'elle prévoyait qu'elle ne pourrait p'as cacher à son père, ni à personne, le fruit de sa faiblesse pour le jeune Belval, fils d'un négociant intraitable, s'obstinant à ne voir dans l'amour de son fils pour la fille d'un brave officier sans fortune qu'une amourette sans conséquence !

Voilà ce dont fut témoin Collet, ce qu'il apprit l'oreille contre la cloison, les yeux fixés entre les fentes des planches de la chambre, jusqu'au moment où les deux amoureux allaient allumer un réchaud de charbon pour en finir avec l'existence, ne pouvant plus la continuer ensemble !

Alors Collet eut un de ces bons mouvements, semblable à celui qu'il avait eu en adoptant un enfant qu'une mère n'avait pu élever ni nourrir.

Cette fois son cœur était conduit, inspiré par le plus strict devoir de la reconnaissance, il devait tout à la protection de monsieur de Saint-Germain, il bénit le hasard qui l'avait conduit si à propos rue Greactat.

Il frappe à la porte des deux amoureux ; d'abord pas de réponse ! Alors il force la serrure, il se présente à mademoiselle de Saint-Germain, doublement terrifiée et honteuse en reconnaissant Collet, l'ami de son père !

Celui-ci, qui, moins que tout autre, a le droit d'être

sévère à l'égard des fautes d'autrui, prend son air le plus paterne et le plus doux, il s'écrie devant les amoureux interdits :

— Calmez-vous! mademoiselle Marie; soyez sans inquiétude, monsieur Alfred ; d'abord pardonnez-moi de m'être fait le témoin de vos désespoirs ; croyez que c'était pour avoir le droit de les faire finir...

— Que dites-vous? demande le jeune homme de plus en plus confus.

— Que vous êtes trop jeunes pour mourir...

— Comment... répond mademoiselle de Saint-Germain, qui se remet de son épouvante à l'air de bonté de Collet, vous pouvez nous sauver?

— C'est mon devoir, autrefois j'ai dû ma position à monsieur votre père ! Je suis heureux que le hasard m'ait fourni aujourd'hui les moyens de m'acquitter ainsi envers monsieur de Saint-Germain. Mademoiselle, vous êtes trop belle pour en finir avec la vie ?

— Mais, monsieur, s'écrie le jeune homme, vous ne connaissez pas mon père ! Il ne consentira jamais à notre union sans une dot de Marie, sans voir son argent, là, devant ses yeux.

— Eh bien ! fit Collet en souriant, et tirant de sa poche le portefeuille aux cinquante mille francs qu'il venait de rattraper des mains de ses contrebandiers, quand il verra comme vous, là, cinquante beaux billets de mille francs, la dot de Marie, vous refusera-t-il toujours sa main?

— Mais monsieur Collet, s'écria la jeune fille folle de joie, mon père ne consentira jamais...

Crois moi, ma petite chatte, économise pour avoir une botte sur tes vieux jours; j'en sais quelque chose. (Page 213).

— A recevoir l'intérêt de l'argent qu'il m'a fait gagner,

surtout si cet argent lui rend l'honneur et la vie de son enfant?

— Oh! monsieur, s'écrie Alfred Belval en embrassant Collet, vous nous rendez plus que la vie, vous nous apportez le bonheur.

— Et moi, j'ai hâte de vous donner cet argent, pour croire entièrement à votre félicité! Monsieur Alfred, conduisez-moi chez votre père; mademoiselle Marie, rentrez à votre magasin; bientôt je vous y rejoindrai... en attendant la noce.

Et c'est au milieu des plus vifs transports de joie, qui, chez les amoureux, ont succédé à leur premier désespoir, que Collet se fait conduire chez le père d'Alfred.

Il raconte à celui-ci ce qu'il a déjà conté au fils; il montre la dot de Marie, ce qui paraît contenter suffisamment le négociant, et bien autrement que son trait de générosité en mémoire de son bienfaiteur.

Arrivée chez monsieur de Saint-Germain, c'est sa fille qui raconte elle-même le trait magnifique de Collet.

Le brave officier ne veut pas du sacrifice de son ancien protégé. Celui-ci prend un ton digne et solennel, il lui rappelle ce que M. de Saint-Germain a fait autrefois pour lui, il lui dit que s'il est riche aujourd'hui, c'est grâce à son ancienne protection.

— Du reste, ajouta-t-il, il n'y a pas à refuser; c'est le bonheur de votre fille, de vos enfants que je vous apporte, ce serait plus que de l'orgueil, ce serait de l'égoïsme, si vous refusiez par une sotte susceptibilité à faire le bonheur de votre fille unique.

Saint-Germain consent à tout, après avoir consulté sa chère Marie, dont il faisait, du reste, toutes les volontés.

Croirait-on que ce Collet était aussi le même homme qui, le matin avait vendu ses complices, volé jusqu'aux misérables exécuteurs de ses rapines et de ses escroqueries ?

Étrange contradiction de l'esprit humain.

Mais déjà depuis sa sortie de prison, Collet, par ambition peut-être, n'en était pas à son premier bienfait. Il avait connu durant sa captivité, outre Givet et Najac, un autre drôle nommé Albinus, qu'il protégea pendant quelque temps. C'était un prêtre défroqué, un faussaire comme lui.

A sa sortie de prison, Albinus s'était fait chiffonnier; à l'aide de son érudition, cet homme, qui tenait du bohémien et de l'artiste, était devenu l'oracle de sa nouvelle corporation; c'était lui qui enrichissait de mots nouveaux le langage caractéristique des habitants du quartier Mouffetard.

Les enfants de la Hotte l'avaient surnommé l'*avocat*. Il ne quittait pas les *bibines* et les *assommoirs*, lieux de rendez-vous des chiffonniers, ses frères.

Un moment, Collet avait espéré faire de l'avocat son lieutenant ; il avait rêvé une grande association commerciale, devant enrégimenter à son profit tous les mercenaires du chiffonnage parisien.

Il dut renoncer encore à son projet, comme à celui de devenir le banquier des rôdeurs de barrières.

L'Avocat, par sa paresse, par son inconduite, par sa légèreté, ne put répondre à ses vues ni réaliser son rêve ; il ne fit même que compromettre ses projets. Un jour, Collet rencontra son protégé bras dessus, bras dessous, avec un autre *artiste* de ses amis, battant la muraille, et allant de *bibine* en *bibine*, éventer le projet de son protecteur, qui vit alors se liguer contre lui tous les maîtres chiffonniers de Paris.

Pour sa propre sécurité, il lui fallut cesser peu à peu tout commerce avec Albinus.

Les espiègleries de l'avocat, ainsi que les mœurs indépendantes du quartier Mouffetard, s'opposèrent au grand projet commercial de Collet.

Il rompit une première fois avec Albinus, un jour qu'il rencontra celui-ci, la hotte sur le dos, avisant près d'un *assommoir* une jeune chiffonnière.

— Ma belle, lui disait-il galamment, en sortant d'un tas d'ordures un bouquet fané qu'il tirait au bout de son crochet, veuillez accepter ce bouquet, moins frais que vos appas !

— A votre tour, répondait l'espiègle qui venait de pêcher dans le même tas une vieille botte, acceptez cette chaussure bien moins détériorée que votre personne. C'est tout ce que je puis offrir en *échange de votre politesse.*

Collet comprit qu'un homme qui n'était qu'ivrogne,

loustic et galant, ne pouvait convenir à ses sérieux projets d'avenir !

Albinus, du reste, ne cherchait qu'à boire, à lutiner les jeunes chiffonnières ; il ne demanda pas mieux de rompre avec son compagnon, il n'en regretta que les... libéralités dont la source se tarit avec son abandon !

Un mot encore sur Albinus avant d'en finir :

Ce bohémien ne fut pas aussi philosophe vis-à-vis de la jolie chiffonnière qui n'avait pas répondu à sa flamme ; il ne renonça pas aussi facilement à elle, il la déterra une année plus tard, en riche toilette, faisant l'ornement et les délices des *Galeries* de bois du Palais-Royal.

Albinus savait que cette fille avait une mère, vieille chiffonnière comme elle, qui demandait à tous les coins de Paris, sur toutes les *places* des tas d'ordures, sa chère fille disparue depuis un an !

Pour se venger du dédain de l'ex-chiffonnière métamorphosée en déesse, l'Avocat la mit en rapport avec sa vieille mère, au moment où la courtisane, l'éventail à la main, en riche toilette, étalait ses grâces et son luxe au milieu d'une foule élégante et désœuvrée.

La vieille chiffonnière, la hotte sur le dos, arrêta sa fille ; elle lui cria, poussée par l'Avocat caché à quelques pas plus loin :

— Crois-moi, ma petite chatte, économise pour avoir mon basquin (ma hotte) sur tes vieux jours. J'en sais quelque chose!

La courtisane, honteuse et confuse, se sauva de sa mère, pour la très-grande joie d'Albinus.

Comme on le voit, un pareil homme, qui n'était fait que pour mettre le désordre dans le camp même des bohémiens et des déshérités, ses frères, n'était pas l'homme de Collet!

Il dut renoncer à faire de l'avocat son associé, et rompre tout à fait avec lui, comme il venait de rompre, pour un motif plus grave, avec la bande Givet et Najac.

Après cette double rupture, qui avait eu lieu presque en même temps que sa bonne action en faveur de mademoiselle de Saint-Germain, Collet, le cœur content, l'esprit dispos, sans plan nouveau contre la société, se promenait deux jours après aux Tuileries, lorsqu'il fut reconnu par un vieil officier qui avait quitté le service depuis le retour des Bourbons.

C'était cet officier qui avait composé autrefois, un des premiers, l'état-major de l'inspecteur général, du comte Borromeo, à Valence et qui avait été arrêté en faux colonel à Montpellier.

— Ah! je vous tiens! s'écria son ancienne dupe, qui avait toujours sur le cœur la comédie dont il avait été victime. Vous êtes le misérable qui avez volé les caisses de l'État en jouant avec mon honneur. Je vous tiens et je ne vous lâche pas!

Et il le prend au collet.

— Cet homme est fou! s'écrie avec une indignité mêlée d'importance le faux bourgeois.

— C'est ce que l'on verra chez le commissaire ! reprend le vieux militaire devant la foule attroupée, ébahie.

Cette fois l'étoile de Collet pâlit.

La dénonciation du vieux militaire porte ses fruits. Il est reconnu par d'autres témoins de ses exploits, pour être le Protée qui, tour à tour, a été évêque et inspecteur général. Il est chargé de chaînes et dirigé sur le bagne de Toulon.

De nouveau, la chance heureuse semble lui sourire. Il écrit à sa mère, à son oncle, à M. de Saint-Germain. La dot qu'il a donnée à la fille de ce dernier, l'adoption de l'enfant confié à sa mère et aux soins de sa mère enrichie par lui, tous ces bienfaits militent en sa faveur.

Ces bienfaits ne s'accordent guère avec le dossier, gros de méfaits, qui accuse aussi notre escroc. D'un autre côté, son oncle, sa mère surtout, reconnaissent Collet pour avoir été régulièrement dans les ordres et au régiment ; à part le tour de la lettre de change du marchand de Grenoble, tous ses anciens chefs s'accordent à louer sa conduite.

Cependant les pièces d'accusation sont là, accablantes, implacables, terribles.

Les juges ne savent que penser, que conclure au sujet, de ce malfaiteur, dont la conduite est aussi double que le visage. Alors Collet, pendant l'instruction, demande à voir son dossier et à éclairer lui-même ses juges.

Il est conduit au greffe du tribunal entre des gendarmes, on lui montre le terrible dossier, en présence de la force armée.

Collet s'empare du cahier, il a l'air de le consulter avec recueillement, un brasier est devant lui, jamais feu de cheminée n'a brillé avec plus d'intensité ; en un clin d'œil, profitant de l'absence générale, il lance le cahier au plus fort de la flamme qui le détruit presque instantanément devant le greffier étourdi, les juges ébahis, et les gendarmes stupéfaits.

Pendant le désordre, le tumulte et la déroute causés par cet acte inouï d'audace, Collet attise tranquillement le feu avec les pincettes ; il achève la destruction de son dossier avant que les gendarmes aient le temps de sauver du brasier les derniers lambeaux des feuilles accusatrices.

Une fois tout consumé, Collet se replace entre les soldats, et s'écrie :

— Voilà ce qu'on doit faire d'une pareille calomnie, inventée par mes ennemis; maintenant, jugez-moi, condamnez-moi, si vous l'osez.

Alors Collet finit à Toulon les cinq ans qu'il lui reste à faire, accusé seulement d'avoir pris un faux nom et un grade qui ne lui appartenaient pas.

Quant à ses escroqueries il n'en est pas même fait mention, puisqu'il n'en reste aucune trace.

Dès que son temps est fini, on lui donne pour lieu de surveillance Pastin, dans l'arrondissement de Belley, son pays natal.

Là encore le hasard ne se charge pas uniquement de cette faveur ; l'argent est le nouveau levier de cet adoucissement à sa peine.

Collet s'installe confortablement à Pastin, avec sa mère et son fils d'adoption ; il vit à l'aise à l'aide de sa fortune cachée.

Mais à Pastin nouveau guignon, ou plutôt nouvelle justice du sort qui devance la justice humaine! Il rencontre l'ancien aumônier de Gaëte, celui qui l'accompagna à Florence, et le dénonça à Montpellier.

Maintenant prédicateur, il parcourt les villes de France au compte de la cour de Rome; il se rend à Pastin, pour jouir des tortures et de la honte de Collet, dont il a juré de se venger par toutes les manières.

Sachant que la justice civile est impuissante contre Collet qui n'a été condamné que sur des preuves insignifiantes, après les preuves sérieuses détruites, notre co-aumônier fait appel à la justice de Dieu.

Dans la chaire de l'église de Pastin, le prêtre cruel prend pour texte de sa prédication l'histoire même de Collet, il le rend odieux à tous ceux qui auraient pu lui pardonner ses fautes.

Grâce à ce prêtre vindicatif, pratiquant si mal le précepte de l'Évangile, le séjour de sa surveillance devient intolérable; il faut que Collet se présente à la mairie deux fois par jour, et l'on veut, sur le conseil du prêtre, le séparer de sa mère et de son fils.

Tracassé, persécuté, en butte à toutes les hontes, par

le fait des représailles de l'aumônier maudit, Collet rompt son ban et s'enfuit à Toulouse.

Mais Collet sent bien qu'il ne pourra plus longtemps tromper la loi; de plus en plus, il voit qu'il perd une brillante partie.

Aussi, avant de se mettre encore en défaut avec la justice, il veut assurer la position de sa malheureuse mère et de son fils d'adoption.

Il envoie madame Collet à Belley avec une somme assez ronde, il la fait accompagner de son fils d'adoption, sur la tête du quel il place 8,000 francs avant de lui léguer toute sa fortune.

Comme on aurait pu, par la suite, contester la validité des biens de son fils d'adoption, il lui donne un autre nom après l'avoir fait passer pour mort.

Il s'entoure d'autant de précautions pour le bien comme pour le mal.

Étrange contradiction dans l'âme de cet escroc, qui s'obstine à entourer de ses bienfaits un enfant, une âme que Dieu avait peut-être placée à côté de la sienne, pour la sauver du crime !

Une fois en rupture de ban et sur le chemin de Toulouse, notre escroc est effrayé par le récit des poursuites qu'on dirige contre lui de tous les points de la France.

Alors il s'habille de nouveau en novice, il prend le parti de se réfugier encore dans un couvent.

Traqué par les gendarmes, il ne trouve pas d'asile plus

sûr que la maison des frères de la Doctrine chrétienne de Toulouse.

Comme il annonce que son intention est de finir ses jours au milieu des bons frères et comme à l'appui de ses paroles il remet au directeur une somme d'argent assez ronde, il est accueilli avec empressement.

Les gendarmes en sont pour leurs frais de poursuite. Six mois se passent ; derrière la porte du couvent, Collet coule des jours heureux, quand, par un nouveau guignon, l'ex-aumônier de Gaëte, qui a découvert sa retraite, se présente au couvent.

Collet connaît, de vieille date, la cupidité de son ex-aumônier, il croit faire tomber sa rancune en lui promettant d'acheter ses secrets.

L'ex-aumônier a l'air de se rendre; il part du couvent, après lui avoir dit qu'il reviendra pour lui faire connaître ses conditions, qui, cette fois, seront basées sur les torts qu'il lui a causés depuis si longtemps.

Collet comprend qu'il aura affaire à un complice trop exigeant, et ne veut pas l'attendre.

Il quitte à son tour le couvent à l'aide d'un procédé qui lui a toujours réussi.

Il se fabrique une lettre qu'il dit venir de ses parents et dans laquelle il est parlé d'un envoi de cent mille francs. Il fait part à la communauté de l'intention d'acheter, avec ces fonds, une maison pour en faire un noviciat hors de la ville.

Tous les frères louent sa sainte intention, et Collet

part afin de se soustraire aux poursuites de l'aumônier et bénéficier en même temps de sa nouvelle lettre.

Il va trouver un notaire de Toulouse, il lui fait part de l'acquisition qu'il veut faire au profit du couvent.

Une superbe propriété lui est recommandée par le tabellion, il s'y présente, l'officier ministériel l'accompagne avec le propriétaire de l'immeuble. Collet gagne si bien la confiance de ces derniers, que lorsque que le faux frère dit à l'un d'eux :

— Je ne puis vous payer qu'au bout de deux mois,

Le propriétaire lui répond :

— Vous me payerez quand bon vous semblera, si même vous avez besoin de quelques fonds, je suis tout à votre service.

Collet s'empresse de profiter de l'offre du confiant propriétaire ; après quelques façons, il lui soutire une somme de trente mille francs.

Avec cet argent il répare la maison, qu'il installe, dit-il, au profit de son couvent.

Sa grande piété lui attire également la confiance des âmes charitables. Avant de dire adieu à la ville, de se soustraire aux poursuites de son aumônier qui doit revenir pour le rançonner, il extorque à divers bourgeois et aux frères eux-mêmes, une somme d'environ cinquante mille francs, puis, un beau jour, il quitte Toulouse pour ne plus le revoir.

Il se dirige vers la Dordogne ; en route, il a soin de

quitter le froc, et de s'habiller comme un riche étranger
sous le titre brillant de comte de Golo.

Sur le chemin de Roche-Beaucourt (Dordogne), notre
grand personnage descend quelques heures dans la ville,
à l'hôtel du Cheval Blanc.

En sa qualité de voyageur étranger à la localité, il fait
demander les journaux de la veille, il s'assure, en les li-
sant, qu'on est de nouveau sur sa trace.

Il appprend que l'aumônier est revenu au couvent de
Toulouse; que par lui le supérieur des frères de la Doctrine chrétienne, le propriétaire et le notaire de Toulouse
savent déjà qu'ils ont eu affaire à un escroc de la pire
espèce.

Que fait notre Collet, pour détruire tout soupçon? il
arrive à Roche-Beaucourt, et s'en va loger dans la maison du commissaire.

Son hôte a reçu son signalement avec tous les détails
de ses prouesses; alors le comte Golo, que le commissaire prend pour un grand seigneur ou un des officiers
de la suite de Napoléon, s'écrie avec indignation :

— Il faut vraiment que la police ne s'inquiète que des
ennemis du gouvernement, pour qu'elle n'ait pas déjà
mis la main sur cet odieux spoliateur de la fortune privée et publique.

— Je n'ose être de votre avis, reprend le fonctionnaire public, fort édifié de l'indignation du comte Golo.

— Quand on songe, ajoute l'audacieux escroc, que ce
grand coupable se joue, dans vingt lieues à la ronde, de

tous les fonctionnaires, on doit avoir une triste idée de la ressource de leur esprit.

— Je n'ose encore être de votre avis, quoique très-disposé à le partager, reprend le commissaire en baissant les yeux, pendant que le faux comte Golo lui frappe familièrement sur l'épaule.

— A propos, reprend le commissaire en se ravisant, savez-vous que, envers vous-même, je suis aussi un bien grand coupable ?

— Comment cela ? s'écrie Collet pâlissant un peu.

— Mais n'ai-je pas oublié de vous faire demander votre passe-port ?

— Ah ! qu'à cela ne tienne ! s'écrie-t-il en reprenant son assurance.

Et Collet lui exhibe de faux titres qui satisfont pleinement le confiant commissaire.

Ici le comte de Golo se fait passer pour un riche propriétaire de l'Ain qui vient finir ses jours dans la Dordogne ; il achète une terre, se fait seigneur terrien, prend un intendant et veut réparer à ses frais l'église avoisinant sa terre.

Mais dès qu'il faut payer la terre, rendre la caution à son intendant, utiliser les collectes des bons paroissiens, Collet s'exile de nouveau en emportant les économies de ses dupes !

Il arrive au Mans, dernier théâtre de ses escroqueries. Cette fois il a brûlé ses vaisseaux ! L'ex-aumônier, furieux de ne l'avoir pas retrouvé à Toulouse, est parti du couvent pour suivre ses traces ; il n'a pas tardé à deviner le faux comte Golo.

Le commissaire de Roche-Beaucourt, furieux aussi d'avoir été la dupe de Collet, s'unit avec l'ex-aumônier pour en finir avec l'infatigable escroc.

Au Mans, Collet fait connaissance d'un crédule bijoutier, auquel il a l'audace de vendre pour des bijoux jusqu'à des terres qui n'existent pas.

Ici la comédie de Collet est arrivée à son dernier acte, l'heure du châtiment est venue.

L'ex-aumônier se présente chez le bijoutier au moment où Collet a quitté la ville ; le prêtre lui apprend à qui il a affaire. La gendarmerie rattrape Collet à quelques lieues de là, il est ramené au Mans, chargé de chaînes.

VII

COLLET AU BAGNE

Grâce aux dépositions de l'aumônier qui a suivi notre héros depuis le siége de Gaëte, on n'a plus aucun doute sur sa personne et sur sa vie. Des preuves, des renseignements arrivent de tous les côtés ; ils mettent son histoire au grand jour.

L'ex-aumônier, joué tant de fois par Collet, ne permet pas que la plus légère circonstance ne soit omise, il écrit jusqu'à l'évêque de Nice pour déposer contre lui.

Alors la cour d'assises du Mans voit se dérouler toute sa longue série d'impostures.

La vérité, cependant, ne se fait jour que lentement, en dépit de l'infatigable activité de l'ex-aumônier.

Il fallut pour éclairer encore la justice de nombreuses commissions rogatoires, car un grand nombre de témoins n'étaient plus sujets Français, depuis la chute de l'Empire.

Mais l'ennemi acharné de Collet savait suppléer à tout et retrouver, tant en France qu'en Italie, les nombreuses dupes de l'infatigable escroc.

On consacra huit jours aux interrogatoires.

Collet parut enfin devant ses juges. Ce qui fut le plus pénible pour lui, ce fut de voir au banc des témoins, sa pauvre mère en larmes, son fils d'adoption partageant avec lui son infamie !

Pâle, tremblant à chaque déposition qui portait un coup si violent à sa mère, qui apprenait à son enfant d'adoption à le maudire, Collet sentait comme un fer rouge lui traverser le cœur.

Il se remet, cependant, à la vue de l'ex-aumônier qui, dans un coin de la salle d'audience, jouissait en secret de ses tortures.

Alors il fait un appel à toutes ses forces. Lorsqu'après l'audition des témoins, et le réquisitoire du procureur du roi, on voulut lui donner un avocat d'office, il le refusa ; il témoigna le désir de se faire entendre quelques instants.

Cette faveur lui fut accordée.

A ce moment suprême, Collet se lève, il promène au-

Collet au bagne.

tour de lui un regard assuré, il est pour ainsi dire transfiguré.

Après avoir regardé sa mère d'un air d'humilité, le jeune garçon qu'elle tient par la main et qu'il semble implorer, il prononce un discours improvisé qui ne le cède en rien à celui du procureur du roi.

Il y exprime, sous les couleurs les plus vives, son sincère repentir ; il s'avoue coupable de tous les faits consignés dans l'accusation, il demande pardon à Dieu et à sa mère.

Un cri déchirant répond à son cœur repentant, c'est sa mère qui lui pardonne et qui se fait l'écho de sa douleur et de son repentir.

Puis, se tournant vers son enfant adoptif, Collet s'adresse à lui, à toute la jeunesse. Il lui donne les plus sages conseils, il le conjure de prendre exemple sur lui pour ne jamais abandonner le sentier de l'honneur.

Il termine en regardant l'aumônier, et pardonne à ses ennemis qui se sont faits les impitoyables justiciers de ses crimes.

La cour prononce sa sentence. Collet est condamné à vingt ans de travaux forcés, avec l'exposition et la marque.

Il resta dix mois dans la prison du Mans en attendant le passage de la chaîne de Paris qui devait le conduire au bagne de Brest.

Une foule de curieux, attirés par le récit de ses nombreuses escroqueries, accoururent sur le passage du forçat Collet, du Mans à Brest.

Partout on le désignait sous le nom de *Roi des For-*

çats; lorsqu'il parut à Brest, accouplé à la même chaîne, avec le fils d'un négociant du Havre, l'illustre prisonnier fut reçu en véritable souverain.

Par son repentir, en cour d'assises, il avait su gagner tous les honnêtes gens ; et son entrée au bagne fut une entrée triomphale.

Son séjour à Brest ne fut guère pénible, il trouva le moyen d'y vivre en vrai chanoine. Sa figure béate, son embonpoint, ses manières douces et caressantes s'accordaient avec le sobriquet de *M. l'Evêque* que lui donnaient ses compagnons de chaîne.

Il était aimé, recherché de la plupart de ses camarades, jalousé et calomnié par le petit nombre.

Généralement on ne l'appelait que *M. Collet* ou *M. l'Évêque*, ce qui, du reste, était encore un hommage rendu à sa supériorité.

Mais l'administration du bagne prit ombrage de la puissance occulte de Collet ; elle se demanda d'où venait l'or qu'il semait secrètement autour de lui ? D'où surgissait la source de toutes les douceurs qu'il se procurait, et qu'il faisait partager à ses compagnons ?

Personne, pas un garde ne put le dire.

Un jour, un paquet arriva au bagne à son adresse ; on profita de cette légère infraction à la discipline pour faire transporter Collet de Brest à Rochefort.

Lorsque les galériens apprirent cette nouvelle, leur chagrin fut si grand que, pour conserver Collet, ils faillirent égorger leurs chefs.

Une révolte terrible eût éclaté sans l'intervention de Collet, qui avertit les adjudants ; lui-même fut requis par ses chefs pour apaiser ses compagnons de captivité.

A Rochefort, il ne tarda pas être l'objet de nouvelles suspicions ; il dut ces nouvelles vexations à son ennemi acharné, à l'aumônier, qui, un jour, visitant le bagne où était Collet, le recommanda particulièrement aux autorités de Rochefort. Il insinua que Collet devait cacher des diamants et des valeurs importantes, et que c'était cette richesse qu'il portait sur lui, qui était la cause de la vénération dont il était l'objet de la part de ses camarades.

Comme on le voit, le lâche aumônier tenait à tourmenter tout au long sa victime, impuissante alors à lui rendre torture pour torture !

Collet fut soumis, sans résultat, aux perquisitions les plus minutieuses, aux traitements médicaux les plus puissants, on ne fit que causer de nouvelles souffrances à l'escroc thésauriseur.

Après un mois de captivité, d'épreuves barbares qui compromirent sa santé, il fallut renoncer à reconnaître son secret. Mais l'or continua à circuler dans ses mains, comme dans celles de tous les forçats, ses compagnons.

Collet, en effet, obligeait volontiers, il faisait d'abondantes aumônes ; et distribuait aussi facilement de l'argent qu'il prodiguait de bons conseils.

A Rochefort comme à Brest, Collet était devenu un objet de vénération. Lorsqu'un forçat, condamné à mort pour cause de meurtre ou de rébellion, refusait à ses derniers moments d'entendre les exhortations d'un prêtre, il consentait à se confesser à *M. l'Évêque.*

Cette réputation de bonté, Collet y tenait par-dessus tout; il l'a constaté dans ses *Mémoires*, que, par parenthèse, pour rester fidèle à ses habitudes, il avait vendus à la fois à deux éditeurs.

Les mauvais traitements qu'il avait eu à subir sur les lâches conseils de son aumônier avaient considérablement altéré sa santé.

Aussi ne put-il arriver jusqu'au terme de sa délivrance; Collet mourut en 1840, au moment où il allait toucher le seuil de la porte de la liberté.

Il mourut en s'écriant :

— De l'or!... de l'or!... A quoi bon tant d'or, pour mourir en forçat?... tant de bijoux... là! là!...

Il s'éteignit en emportant le secret de sa grande richesse, fortune qui n'aboutit pour lui, durant sa captivité, qu'à lui faire avoir du linge un peu plus blanc, du pain un peu moins noir!

Il est vrai que son fils d'adoption, à la suite de la mort de madame Collet, hérita d'une partie de sa grande fortune.

A l'aide de ce trésor caché, cet enfant, devenu homme, est arrivé à posséder, dit-on, dans l'industrie une position des plus élevées.

Peut-être l'adroit Collet n'était-il venu que quarante ans trop tôt?

S'il eût pu redresser sa nature, s'il eût pu moins accentuer ses moyens employés contre ses dupes, peut-être fût-il devenu par la suite, un commerçant assez respectable ?

Sous l'empire, cet industriel n'avait pas encore trouvé sa voie ou son milieu.

Que d'hommes aujourd'hui avec moins d'adresse, moins de patience, moins de génie, s'élèvent au point le plus culminant de la fortune, à ce même degré où le Roi des escrocs n'a trouvé que la honte et la prison !

Tout doit naître et venir en son temps, même les scélérats !

FIN DE COLLET

LE DRAME

DE

CHINON

PAR

Charles DIGUET

LE DRAME DE CHINON

Madame Lemoine et sa fille.

I

LE DRAME

La jolie petite ville de Chinon dans l'Indre-et-Loire,

si paisible d'ordinaire, sortit, il y a dix ans aujourd'hui, de sa quiétude habituelle. Une rumeur vague d'abord, mais qui bientôt prit une consistance réelle, se répandit comme un flot qu'aucune digue ne saurait arrêter.

Un crime avait été commis !

Dans quelles circonstances ?

Dans des circonstances tellement invraisemblables qu'elles tenaient du roman. Ajoutez à cela que les accusées par l'opinion publique étaient deux femmes, la mère et la fille, appartenant à une famille considérable du pays.

L'exaspération était au comble, tant à cause de l'énormité du crime qu'à cause de la position sociale de celles qui l'avaient consommé.

A cette époque vivait à Chinon une dame Lemoine, issue d'une famille fort en réputation dans la contrée. Les parents de la dame Lemoine — née Victoire Mingot — avaient, au commencement du siècle, occupé des places élevées dans la magistrature et dans les assemblées législatives. En 1835, Victoire Mingot était âgée de dix-neuf ans et était fort belle.

Sa famille, très-considérée, et, qui plus est à notre époque, fort riche, pouvait prétendre pour elle à un beau parti. A la surprise générale, la jeune fille n'écouta que sa fantaisie, et elle donna sa main à un jeune homme pauvre et d'une famille moins qu'ordinaire. Victoire Mingot, ainsi que nous le verrons plus tard, était d'un caractère hautain, inflexible. Elle avait les défauts de ses qualités ; spirituelle, instruite, ardente dans ses désirs, elle ne connaissait pas d'obstacles dès qu'elle se proposait un but.

Malgré les remontrances de sa famille, elle n'écouta, comme nous l'avons vu plus haut, que sa fantaisie, et elle devint madame Lemoine.

Cette union ne fut pas heureuse.

La vie commune arriva à être intolérable.

Nous ne rechercherons point si ce fut madame Lemoine ou l'homme que, suivant la société, elle avait élevé jusqu'à elle qui rendit une séparation nécessaire. Toujours est-il qu'en 1851, un arrêté du tribunal sépara les deux époux, confiant à madame Lemoine l'administration de ses biens ainsi que le soin d'élever les deux enfants issus de ce mariage.

Il n'est pas question du fils dans cette affaire.

Le premier rôle de ce drame est tenu par la jeune fille, nommée Angélina.

Douée d'une intelligence peu ordinaire et d'un esprit précoce, femme avant l'âge, Angélina était d'une beauté remarquable.

Elle aussi pouvait prétendre à une alliance élevée.

Nous allons voir ce qu'il advint :

Madame Lemoine ne négligea rien pour l'instruction de sa fille ; quant à son éducation religieuse et morale, elle fut déplorable. Dès l'âge de treize ans, elle jouissait d'une liberté à peu près absolue. Souvent elle sortait seule, visitant les boutiques d'artisans et écoutant avec avidité les conversations scandaleuses qui s'y tenaient. Elle lisait des romans, et, à l'âge de quinze ans, les *Confessions de Marion Delorme* étaient sa lecture favorite.

Ainsi livrée à elle-même et à ses idées romanesques, elle ne pouvait courir qu'au-devant du danger, aidée d'ailleurs, comme elle l'était, par une nature sensuelle et extrêmement développée, à l'âge où bien des jeunes filles ne sont encore que des enfants.

Angélina avait environ treize ans lorsque entra, au service de sa mère, un cocher du nom de Fétis.

Cet homme grossier, ignorant, qui ne savait même pas lire, avait vingt-sept ans. Ce paysan brutal était petit, grêle et repoussant. De courts cheveux noirs parvenaient à peine à dissimuler un front bas, déprimé, qui cachait à son tour deux yeux fades et chassieux. Un nez court, une bouche sensuelle qu'ombrageait une petite moustache noire, peu épaisse, complétaient cette face bouffie et de couleur terreuse.

Tel était le troisième acteur du drame que nous allons raconter.

Angélina vit le domestique et regarda l'homme. Son imagination déréglée eut une pâture. Cet homme logeait sous le même toit qu'elle ; elle le voyait chaque jour, constamment ; elle chercha bientôt tous les moyens de se trouver seule avec lui. Elle parvint facilement à son but, vu la liberté dont elle jouissait, vu la présence presque forcée du domestique. Alors commencèrent des taquineries de la jeune fille pour ce valet sans éducation et si indigne d'elle.

Peu à peu ses taquineries devinrent significatives.

Elle ne se cachait même plus devant sa mère.

Un jour qu'Angélina se promenait avec sa mère dans le jardin, elle passa auprès de Fétis qui était en train de sarcler ; la jeune fille s'approcha de lui et le renversa par terre.

Fétis tomba, et regardant la jeune fille il se mit à sourire. Lui aussi concevait probablement un plan. Madame Lemoine, à laquelle plus tard l'instruction a reproché ce fait, a répondu qu'elle avait regardé cela comme un enfantillage.

Cependant l'homme sur lequel Angélina avait jeté ses regards avait compris le parti qu'il pouvait tirer des familiarités de sa jeune maîtresse.

Ce manége de la jeune fille et du cocher fut promptement découvert par la cuisinière et par les personnes qui venaient travailler dans la maison de madame Lemoine.

On commença à jaser ; mais les premières rumeurs ne dépassèrent pas les antichambres et les écuries.

Enfin vinrent les embrassements secrets.

Angélina n'était point encore la maîtresse de son cocher ; mais le bruit s'en répandait au dehors. Fétis lui-même ne parlait pas encore, mais il souriait à ce qu'on disait et paraissait satisfait.

Pour ce qui était de sa conduite dans l'intérieur, elle

se montrait sous le plus hideux aspect. En voyant cette jeune fille pour ainsi dire affolée, — non pas de lui, il n'eût pu le soupçonner, — mais affolée de passion, il cherchait à attiser cette passion afin d'y trouver son compte.

Les interrogatoires et les débats nous montrent en effet, d'une façon évidente, qu'il ne fut jamais épris de la jeune fille.

Fétis *spéculait!*

Il attendait l'heure où il tiendrait la jeune fille par sa faute afin de crier sur les toits le déshonneur de cette enfant ; sa fortune était à ce prix !!!

L'idiote brute, assez perspicace cependant pour voir son intérêt, jouait avec la souris.

Ce fut vers les premiers jours d'octobre 1858 que ces bruits, dont nous avons parlé plus haut, prirent une consistance réelle.

Il était notoire dans Chinon que mademoiselle Lemoine entretenait des relations honteuses avec son cocher. Que faisait sa mère, à l'oreille de laquelle quelques-uns de ces bruits ont dû parvenir ?

Elle laissait aller les choses !

Que s'était-il passé pour que les bruits, qui depuis un an avaient couru, prissent tout à coup un caractère authentique?

Nous sommes obligé d'entrer dans certains détails que, du reste, le procès a rendus publics.

Nous l'avons dit, Angélina poursuivait Fétis partout.

De l'aveu même de sa mère, elle se rendait à la cuisine, à la cave et dans les endroits écartés où le service appelait le domestique.

Or, dans le courant de septembre, un jour Fétis se trouva à la cave avec Angélina ; il saisit brusquement la jeune fille, la renversa le long d'une crèche, d'une main lui maintint les bras sur une pièce de bois appelée chevron, et consomma le crime.

Ainsi, l'enfant égarée avait fait les premières avances. Peut-être avait-elle sollicité matériellement le crime après l'avoir sollicité moralement pendant plusieurs mois ; mais, ce prétendu viol une fois perpétré, Fétis parla. Il colporta par la ville cette ignoble nouvelle. Au reste, il fut merveilleusement aidé par son frère, Joseph Fétis, qui lui servit de trompette.

Le soir du 1er octobre, sachant que sa mère devait partir pour Tours le lendemain, Angélina donna d'elle-même rendez-vous au domestique pour le lendemain dans sa chambre.

Le lendemain Fétis n'eut garde d'y manquer. La porte de la chambre avait été laissée entr'ouverte, la jeune fille couchée attendait ; à l'heure dite, Fétis arriva. En admettant qu'Angélina eût été violentée une première fois, ainsi que nous l'avons dit d'après le résultat des interrogatoires, cette seconde fois c'était bien elle qui acceptait cet homme.

Mademoiselle Lemoine était bien la maîtresse de son cocher !

Quelques jours après, les curiosités malveillantes n'étaient plus sur le qui vive. La population entière de Chinon savait à quoi s'en tenir.

Fétis nommait ouvertement mademoiselle Lemoine comme devant être sa femme.

Il paraissait si sûr de l'avenir, que déjà il parlait d'organiser la maison sur un bon pied, déclarant qu'il désirait que la mère leur fît quatre mille livres de rente.

Mademoiselle Lemoine portait le fruit de sa faute. Elle était enceinte !

Mais, bien loin de s'en affliger, elle disait à son amant que c'était le seul moyen d'être à lui comme elle l'entendait ; c'est-à-dire d'être sa femme.

Elle conservait toujours son esprit romanesque et elle avouait qu'elle serait heureuse d'élever cet homme jusqu'à elle : que, du reste, sa mère avait bien fait la même chose pour son père.

Le déshonneur d'Angélina était public.

Une vieille femme, qui, autrefois, avait été au service de madame Lemoine et qui avait vu naître Angélina, vint trouver la mère, et avec tous les ménagements possibles l'informa de ce qu'on disait. Cette femme avait été chargée de cette délicate mission par le curé de Chinon. Elle n'osa pas nommer celui qui l'envoyait, tant elle était timorée, et tant elle perdait son aplomb quand elle était sous le regard hautain de madame Lemoine. Celle-ci interrogea sa fille, mais avec réserve. Angélina nia tout.

Madame Lemoine traita tous ces bruits de billevesées et ne parut pas s'en inquiéter.

Cependant les preuves s'accumulaient.

Les cancans d'antichambre.

Fétis avait assez parlé, assez donné de détails; de plus, il y avait dans la maison de ces espions du déshonneur qu'on trouve partout. Une ouvrière parlait de vomissements, la cuisinière, de linge révélateur....

La mère d'Angélina savait aussi à quoi s'en tenir.

Pour Fétis, il pensait à frapper un dernier coup, c'est-à-dire à demander la main de sa jeune maîtresse; il consulta cette dernière qui l'approuva,

Ce fut le 29 janvier 1859, que, se trouvant à Givray près Chinon, l'impudent cocher fit sa demande à madame Lemoine.

Afin de vaincre les répugnances de sa maîtresse, il débute en disant qu'Angélina est enceinte et enceinte de lui !

De retour à Chinon, Fétis annonça à Angélina le refus de sa mère. Le lendemain, madame Lemoine, qui avait causé avec sa fille, chassa le domestique et la cuisinière, Louise Delacotre. Elle voulait faire maison nette. Son plan à elle aussi était conçu !

Lorsque Fétis vint dire adieu à Angélina et qu'il lui parla de son état, celle-ci lui répondit : « Maman a dit qu'elle me le ferait passer. »

Le mois de janvier ramena les réceptions et les bals. Madame et mademoiselle Lemoine furent invitées au bal de M. Martin.

Ce fut un grand événement pour tout Chinon.

Oseraient-elles s'y présenter ?

Elles y vinrent !

Angélina était plus belle que jamais; elle était rose, fraîche, souriante. Sa démarche ne trahissait rien. C'était la charmante jeune fille remplie d'élégance et qui devait faire une femme si accomplie. Elle dansa avec ardeur.

Les curiosités cruelles qui attachaient leur regard inquisiteur sur elle furent ébranlées.

Quelques semaines après cette époque, le bruit des événements passés qui ne cessait de circuler dans Chinon vint aux oreilles de M. Lemoine. Le père auquel, le jour de sa séparation avec sa femme, la justice avait retiré ses enfants, avait le droit de les voir chez M. Huet, un ancien avoué de Chinon. Atterré par cette nouvelle, il écrivit à M. Huet qu'il eût à prévenir sa femme qu'il désirait voir Angélina.

Madame Lemoine refusa. L'ami du père insista amicalement pour que madame Lemoine ne se refusât pas au désir très-légitime, du reste, de son mari.

Madame Lemoine déclara qu'Angélina ne verrait pas son père, vu qu'elle était malade.

Quand M. Lemoine vit sa femme sans Angélina, il demanda où elle était.

Alors madame Lemoine invectiva contre son mari; et ils se séparèrent après une altercation assez vive.

Un ami, M. Guibout, à qui M. Lemoine raconta la scène qu'il avait eue avec sa femme chez Huet, l'engagea à ne pas repartir sans avoir exigé qu'on lui amenât sa fille.

— Si votre fille est enceinte, comme le bruit en court, qui sait où cela pourra conduire madame Lemoine ?

— Croiriez-vous ma femme capable d'un crime ? demanda Lemoine.

M. Guibout n'ajouta rien à son conseil. Le soir, M. Lemoine retournait à Paris.

La grossesse d'Angélina avançait ; mais l'opinion générale était qu'on *ferait passer* l'enfant.

Comme le terme probable approchait, Fétis, qui avait quitté Chinon d'après les conseils de son frère, qui, du reste, le tenait au courant des choses qui se passaient chez son ex-maîtresse, Fétis, disons-nous, revint.

Sa conduite, comme par le passé, est ignoble.

Mais, passons et revenons à madame Lemoine.

Elle a écarté de sa maison tous les témoins dangereux. Elle cherche à donner le change à toutes les rumeurs. Nous l'avons **vue**, dans les premiers temps de la grossesse, conduire sa fille au bal et la forcer à danser.

Nous approchons du terme de la délivrance, c'est-à-dire du mois de juillet, et elle lui fait faire des exercices tout à fait incompatibles avec sa position. Elle lui fait faire des promenades à âne.

Un voisin de campagne affirme avoir vu mademoiselle Angélina Lemoine se laisser rouler du haut d'une colline.

Nous passons sous silence les bains chauds et autres mesures abortives.

Tous ces faits prouvent assez les intentions de madame Lemoine. La vigoureuse constitution d'Angélina seule rend stériles toutes ces coupables tentatives.

Nous arrivons au dernier acte du drame, à la nuit du 29 au 30 juillet.

Le 29 juillet, madame Lemoine fit prévenir le professeur de musique qu'Angélina ne prendrait point sa leçon le lendemain.

Elle pensait que l'heure était proche et qu'il ne fallait éveiller aucun soupçon.

Tout, du reste, était combiné entre la mère et la fille. Il fallait faire disparaître l'enfant ! Mais, comment le ferait-on disparaître ? S'il venait mort, l'anéantissement pouvait être facile ; mais s'il venait vivant ? Angélina a toujours prétendu qu'on devait le faire disparaître en l'éloignant.

La mère et la fille avaient parlé du feu comme moyen d'anéantissement ; toutefois, Angélina avait fait ses réserves. Elle consentait à ce que l'on brûlât l'enfant seulement s'il venait mort.

Vers onze heures du soir, les grandes douleurs se firent sentir !

Madame Lemoine entraîna sa fille dans un petit cabinet où elle avait, elle-même, disposé un lit. Elle fit immédiatement coucher sa fille sur le lit, le haut du corps appuyé sur un matelas, exprès enroulé, puis elle lui enjoignit de ne point crier.

Un creux fut fait dans la paillasse, et l'on y déposa un vase pour recevoir l'enfant.

Cependant les douleurs devinrent si fortes que la jeune fille, malgré sa fermeté, ne put s'empêcher de pousser des cris.

Quoique laborieux, l'accouchement fut encore assez prompt.

Les premiers mots que prononça la mère, en prenant l'enfant dont elle avait aidé la délivrance, furent : « Comme il est gros, et toi qui étais si petite ! »

Angélina dit à sa mère qu'il remuait.

Madame Lemoine répondit :

— S'il a remué il n'en vaut guère mieux.

La jeune mère était délivrée ; l'enfant resta cinq minutes dans le vase. On ne prit aucun des soins indispensables en pareil cas. Quelques instants après, la mère coupa le cordon ombilical ; mais elle n'eut pas soin de le nouer afin d'éviter un épanchement.

Au surplus, à quoi cela eût-il servi ?

La mort de l'enfant était décrétée ; il devait disparaître.

Dans la pièce contiguë se trouvait une cheminée ; le bois était préparé !

Madame Lemoine prit le vase avec l'enfant, qui était demeuré replié sur lui-même, et sa fille vit qu'elle lui mettait la main sur la bouche.

Angélina, couchée sur le lit, ne put plus rien voir.

Le feu crépitait dans la chambre voisine !

Il y avait dans la cheminée des bûches et des javelles. Madame Lemoine resta quelque temps à alimenter le feu.

Tout était silencieux dans la maison.

L'enfant consumé, elle brûla les linges, etc.

Tout était fini.

Restaient les cendres mouillées ; elle les couvrit de

cendres sèches prises à la buanderie. Ces mêmes cendres furent transportées ensuite dans un puits perdu, au jardin.

Quand le jour parut, le drame terrible était terminé.

Le lendemain même de cette nuit affreuse, madame Lemoine contraignit sa fille à se montrer sur la promenade de Chinon.

On remarqua qu'un changement subit s'était fait dans les traits et dans la démarche de la jeune fille. Angélina pouvait à peine suivre sa mère.

On commenta cette allure inusitée.

L'accouchement paraissait certain ; mais l'enfant qu'était-il devenu ?

Les dénonciations ne tardèrent point à arriver au parquet de Chinon.

Dans les premiers jours du mois d'août, madame Lemoine et sa fille sont citées pour comparaître devant le juge d'instruction.

II

LE PROCÈS

Dans son premier interrogatoire madame Lemoine proteste contre la calomnie et s'indigne hautement contre ceux qui veulent flétrir sa fille.

Alors, M. Corbin, juge d'instruction, lui reproche de n'avoir pas porté plus tôt une plainte en justice pour rechercher les auteurs de cette diffamation, et il l'invite à la faire à l'heure présente.

Madame Lemoine se décide à signer une double plainte en diffamation : l'une contre Fétis, l'autre contre le calomniateur qui l'accuse d'infanticide.

Une fois cette plainte signée, madame Lemoine est informée que la justice est obligée de commencer une enquête préalable, sur la vérité ou la fausseté des faits avancés.

Ce fut M. Gendron, médecin de la famille, que le juge d'instruction chargea de s'assurer de ces faits sur la personne même d'Angélina.

Le docteur se présenta en ami. Il parla d'abord des bruits qui couraient la ville.

— Tout cela est complétement faux, répondit madame Lemoine.

— La justice ne saurait se contenter d'une dénégation sans preuves, reprit amicalement le médecin.

Alors l'accusée changea de système.

— Eh bien ! oui, docteur, ma fille est accouchée, c'est vrai ; mais, pour Dieu, que tout cela soit fini !

— Mais l'enfant ?

— Il est venu mort !

— Il faut le présenter, la justice ne vous croira pas sur parole.

— Je l'ai brûlé.

Le docteur n'osait en demander davantage. Madame Lemoine était calme.

Avant de se retirer, M. Gendron ajouta :

— Madame, ce que vous m'avez confié vous appartient encore. Est-ce au médecin, à l'ami, que vous avez parlé? Si oui, l'ami et le médecin ne parlera que si vous l'y autorisez.

— Dites ce que je vous ai dit.

M. Gendron rendit compte de sa démarche au juge d'instruction, qui lui répondit que cette simple déclaration de la partie intéressée ne pouvait suffire ; que l'accouchement devait être prouvé par une constatation légale.

Le lendemain madame Lemoine et sa fille étaient arrêtées. La visite sur Angélina eut lieu au pénitencier.

Les interrogatoires des deux accusées furent faits séparément.

Ainsi qu'on devait le prévoir, elles s'accordèrent à dire que l'enfant était venu avant terme et que la grossesse était le résultat d'un viol qu'on avait désiré cacher afin d'éviter le scandale.

Les réponses de la mère furent très-sommaires.

Les aveux d'Angélina furent moins concis ; elle ne persista pas longtemps dans l'accusation de viol, elle avoua qu'elle avait eu son roman. Roman bizarre d'une jeune fille jolie, intelligente, instruite, qui prenait pour amant un valet de la pire espèce, laid et repoussant !

Elle déclara qu'elle s'était livrée plusieurs fois à Fétis dans la cave ; car, ajouta-t-elle, une fois que je me fus abandonnée à lui, je n'ai pas cru devoir lui refuser ensuite ce qu'il me demandait !

Interrogée ou plutôt sondée par le magistrat sur le non-sens de ce roman qui lui était si fatal, elle répondit textuellement ce qui suit :

« Fétis est le premier homme qui ait murmuré à mes oreilles des paroles d'amour ; j'ai eu le malheur d'y croire.... Le 24 septembre 1858, cette date ne s'échappera jamais de ma mémoire, allant à la cave avec lui, il est devenu plus pressant. Dans le premier moment j'ai été fascinée, j'ai vu le danger et j'y ai opposé une résistance que je croyais invincible ; mais il fut plus fort que moi et je me laissai aller.

. . . .

» J'avais lu les romans de G. Sand, et j'étais partagée entre la douleur que j'éprouvais de ma chute et le bonheur d'avoir élevé jusqu'à moi un domestique. »

Lorsque le juge d'instruction lui demanda si elle entrevoyait le mari dans l'amant, elle répondit affirmativement.

Questionnée si c'est elle ou Fétis qui a commencé, elle répond :

— Je crois bien que c'est lui.

— Pourquoi avez-vous nié lorsque votre mère vous a interrogée sur les bruits qui couraient sur votre grossesse ?

— Ma grossesse à cette époque-là n'était pas certaine et elle était le seul moyen de finir *mon roman* : j'ai voulu faire le bonheur d'un homme, comme ma mère a fait celui de mon père !

Nous passerons rapidement sur certains détails des interrogatoires qui ne nous apprendraient rien, puisque nous avons suivi pas à pas le drame dans la première partie de ce récit. D'ailleurs, nous retrouverons des réponses importantes devant les assises.

Angélina déclara qu'il avait été convenu avec sa mère qu'on brûlerait l'enfant ; elle parla aussi de la scène qui se passa au coteau de Givray, du haut duquel on l'avait vue rouler.

— Votre enfant est-il venu vivant ?

— Je l'ai vu remuer.

L'accusée insiste dans tous ses interrogatoires sur son impuissance à modifier la résolution de sa mère, qu'elle accuse d'être inflexible.

— Je n'ai pas, dit-elle, demandé la grâce de mon enfant quand je fus délivrée, car je savais combien ce serait inutile.

Dans un des derniers interrogatoires, elle dit ceci :

— J'ai été entraînée par ma mère, je ne pouvais lui résister ; je savais qu'elle tuerait mon enfant ; comment aurais-je pu l'en empêcher ?...

Enfin elle arrive à dire que sa mère a mis sa main sur la bouche de l'enfant pour l'étouffer.

Avant l'ouverture des débats, une question posée à l'accusée lui fait confirmer ses déclarations précédentes.

— L'enfant paraissait ne demander qu'à vivre. Il s'est débattu pendant cinq minutes.

Madame Lemoine s'est retranchée dans des dénégations absolues, même après qu'on lui eut fait part des aveux explicites de sa fille.

Fétis, lui aussi, fut appelé devant le juge d'instruction.

Il raconta, d'une façon cynique, la honteuse histoire de ses amours. Il prétendit avoir été provoqué par la jeune fille, et il donna les détails les plus précis sur ses rapports avec elle. Son but, il ne le cache pas. Il comptait sur un établissement. On ne pouvait lui refuser une fille qu'il avait déshonorée !

Son frère, Joseph Fétis, fabricant d'allumettes à Chinon, l'aidait dans cette honteuse spéculation ; c'était lui qui, pendant son absence, se chargeait de l'instruire de ce qui se passait.

M. Danyau, chirurgien en chef de la Maternité de Paris, reçut, avec deux hommes de l'art, la mission d'analyser les cendres de la cheminée du petit salon. Ces experts ne trouvèrent qu'un seul os ayant appartenu à un sujet humain. Cet os fut reconnu pour être l'os frontal d'un fœtus.

Les experts eurent ainsi un rapport à faire sur la question de savoir si la suppression de trois époques peut avoir lieu sans grossesse.

Angélina avait déclaré qu'elle ne croyait pas être enceinte, puisque la menstruation avait reparu.

Au cas où l'enfant serait venu viable, la non-ligature du cordon suffit-elle pour amener la mort du nouveau-né, sans autre pression ?

Les médecins ont affirmé que le cordon non lié avait pu nécessairement, dans l'état imparfait de respiration, laisser écouler une quantité considérable de sang, et cette hémorragie contribuer à la mort de l'enfant.

Tels sont, en résumé, les détails importants de l'instruction qui a suivi le crime.

Nous voici arrivés aux débats.

Les assises s'ouvrirent au Palais de Justice de Tours, le 9 décembre 1859.

Les abords du Palais, le boulevard Béranger regorgent d'une foule avide d'émotions judiciaires.

Des billets de faveur ont, comme toujours en pareil cas, été distribués la veille : en peu d'instants la salle d'audience est comble. Chacun veut voir les acteurs de ce drame qui a fait tant de bruit ; ceux qui les connaissent déjà sont anxieux de se repaître de leurs angoisses. Que diront-elles ? Seront-elles condamnées ?

Tel est le souhait général de cette foule compacte qui grouille et qui appartient, en majeure partie, à une classe dont les espérances ont été déçues. Fétis n'a pas épousé les quatre mille livres de rente qu'il convoitait. Il existe une quasi-solidarité entre elles et cet homme.

Avant que la cour n'entre en séance, le bruit court qu'un des témoins à charge, le sieur Lieubray, a tenté de se suicider.

Cette nouvelle accroît encore l'anxiété. Ce témoin, cité à comparaître, sans aucun doute a été mêlé à cette affaire. Du moins il doit en connaître les détails précis. Il n'aura pas voulu parler. Cependant sa blessure n'est pas aussi grave qu'on le présumait ; il paraîtra à l'audience.

Le président des assises est M. le conseiller Tournemine.

Le siége du ministère public est occupé par M. Savary, procureur général à la cour impériale d'Orléans. M. Boutiller, procureur impérial à Tours, est à côté de lui. On aperçoit au banc de la défense MM. Lachaud et Charles Seiller. Le premier défendra madame Lemoine, le second mademoiselle Angélina.

Sur la table des pièces à conviction, on remarque plusieurs boîtes en bois blanc, deux sacs en toile qui contiennent les vases qui ont servi à l'accouchement, des linges et des cendres. A côté se trouvent aussi les ciseaux qui ont dû servir à couper le cordon ombilical. Les branches des ciseaux ne portent point de taches de sang ; mais séparées l'une de l'autre, elles découvrent une tache jaune qui, d'après le dire des experts, a été produite par du sang humain de date récente.

L'audience est ouverte.

Nous ne reproduirons pas l'acte d'accusation. L'avocat général qui l'a rédigé parle longuement e l'historique de la famille de la dame Lemoine.

Celle-ci paraît émue pendant qu'on fouille ainsi dans son passé.

Nous résumerons le procès, nous en tenant, dans l'interrogatoire des accusées et des témoins, aux réponses principales.

L'avocat général passe ensuite à l'éducation qui a été donnée à Angélina. Elle était d'une liberté choquante dans ses propos avec les domestiques.

La dame Lemoine fut avertie des amours clandestines de sa fille, et cependant elle ferma les yeux. Puis, quand la grossesse ne peut plus être cachée, la dame Lemoine se repose sur cette idée qu'elle le fera passer.

La préméditation est constante, Angélina l'a avoué.

Voilà quatre mois que les accusées sont détenues dans la prison d'arrêt à système cellulaire, contiguë au Palais de Justice.

Elles sont presque entièrement vêtues de noir.

Angélina, affaissée, porte un mouchoir sur ses yeux.

Sa mère conserve le calme, la hauteur que nous lui connaissons.

Après la lecture de l'acte d'accusation, le président fait retirer madame Lemoine.

M. le Président. — Angélina, donnez-nous des détails sur votre éducation, sur vos lectures. Votre mère assistait-elle à vos leçons ?

Angélina. — Elle était quelquefois obligée de s'absenter.

D. — Quelle a été votre éducation religieuse ?

R. — J'ai fait ma première communion à douze ans et demi, je faisais mes devoirs religieux quatre fois par an.

D. — Vous alliez où vous vouliez ?

R. — J'allais seulement chez madame Lieubray, la femme du tailleur, notre locataire.

D. — Vous lisiez des romans, entre autres *Marion Delorme* ?

R. — Oui.

D. — Dès l'âge de quinze ans, vous avez dit que vous étiez libre de vous marier ?

R. — Je n'ai pu dire cela qu'en plaisantant.

D. — Vous étiez très-libre avec votre cocher Fétis ?

R. — J'ai eu tort de souffrir des familiarités.

D. — Dès le premier moment n'a-t-il pas été question de mariage ?

R. — Il n'en a été question que longtemps après.

D. — De quoi causiez-vous avec lui ?

R. — De choses indifférentes dont on parle avec un domestique.

D. — A quelle époque remonte votre faute ?

R. — A la fin de septembre.

D. — Comment êtes-vous arrivée à la commettre ?

R. — J'ai eu tort de lui permettre des familiarités qui m'ont perdue.

D. — Quelles sont ces familiarités ?

R. — Je vous demande en grâce de me dispenser de ces détails.

D. — Je voudrais pouvoir vous en dispenser ; mais je

Le cocher Fétis.

ne puis.... Dans quel lieu, pour la première fois, avez-
vous accompli votre faute ?

R. — Dans la cave.

D. — Comment avez-vous été amenée à céder ?

R. — J'ai cédé parce que je croyais la résistance impossible.

D. — Il vous a renversée ?

R. — Oui.

D. — Sur quoi ?

R. — Sur des tonneaux.

D. — Puisque vous dites que vous avez été violentée, pourquoi n'avez-vous pas crié, pourquoi, en remontant, n'avez-vous pas parlé ?

R. — Je craignais que ma mère ne fît du scandale.

D. — Mais, enfin, puisque vous aviez des remords de votre première faute, pourquoi avez-vous continué ?

R. — Très-peu.... j'avais peur de lui.

D. — Vous avez affirmé dans l'instruction que vous vous étiez très-souvent livrée à Fétis ; le 2 octobre vous l'avez reçu dans votre lit ?

R. — Dites *subi !*

Ici, le président renouvelle plusieurs questions qui ont été faites précédemment et dont les réponses se trouvent consignées dans l'instruction.

D. — Fétis vous parlait lui-même de votre situation. Un jour il vous dit : « Il faut tout dire à ta mère ; il est impossible que tu lui laisses ignorer plus longtemps. »

Angélina (vivement). — D'abord il ne m'a jamais tutoyée ! Il disait qu'il m'épouserait malgré moi.

D. — Lorsque votre mère vous a parlé de la demande

de Fétis, et qu'elle dit qu'elle le renverrait, ne lui avez-vous pas fait observer qu'il était *trop tard* pour le congédier ?

R. — Je craignais la **vengeance d'un domestique**.

Vient une série de questions dans la réponse desquelles l'accusée est en désaccord complet avec ses aveux faits au juge d'instruction de Chinon.

Le président formule ensuite bon nombre de demandes intimes sur la grossesse, sur ses apparences et sur les conventions présumables qui avaient eu lieu entre sa mère et elle.

. . . .

D. — A partir d'avril, votre mère n'ayant plus de doutes, n'a-t-elle pas arrêté avec vous un projet ?

R.—A cette époque, comme ma mère était certaine que ma grossesse n'aboutirait pas, elle m'a dit que nous ferions disparaître l'embryon.

D. — Mais si l'enfant venait à terme ?

R. — J'ai compris qu'on l'enverrait au loin.

D. — N'a-t-il pas été question de le brûler ?

R. — Peut-être, si c'était un embryon.

D. — Votre mère a essayé sur vous des mesures abortives. Ne vous a-t-elle pas commandé de vous laisser rouler du haut d'un escalier, à quoi vous répondîtes : « Mais, maman, tu veux donc me tuer ? »

R. — Non, elle a pu me dire en riant que si je faisais une chute, mes époques reviendraient !

D. — Et le coteau de Givray qui avait quarante mètres ; vous montiez aussi à âne ; vous preniez des bains très-chauds ?

R. — Il en a toujours été ainsi.

M. le Président arrive aux questions qui concernent ''accouchement.

. . . .

D. — L'enfant est venu ; qu'avez-vous remarqué ?

R. — Je n'ai rien remarqué ; je souffrais horriblement.

D. — Vous avez remarqué que l'enfant avait des cheveux ?

R. — Je crois que oui.

D. — Qu'il avait remué ?

R. — Je crois que oui.

D. — Votre mère vous a dit : « Comme il est gros ! il est énorme, et toi qui étais si petite ? »

R. — Oui, il était gros ; mais je ne saurais affirmer s'il a remué !

D. — Vous avez été jusqu'à dire comment l'enfant était placé dans le vase, qu'il était replié sur lui-même ; qu'il avait remué au moins pendant cinq minutes. Quelles ont été les précautions prises par votre mère ?

R. — Elle s'est immédiatement occupée de moi.

D. — Avait-elle aidé l'accouchement ?

R. — Oui.

D. — Qu'a-t-elle fait pour l'enfant ?

R. — Je ne sais ; puisque l'enfant était mort, il était inutile de prendre les précautions ordinaires.

D. — Avez-vous vu votre mère toucher l'enfant ?

R. — Elle ne l'a point pris dans ses mains, tout au plus elle a étendu sa main sur sa bouche pour voir s'il respirait.

D. — Vous étiez convenue avec votre mère d'un système d'explications si la justice vous interrogeait ?

R. — Oui.

D. — Quel était ce système ?

R. — De ne pas donner de détails.

D. — Le mot n'était-il pas de dire que vous aviez été violée par Fétis et que l'enfant était venu mort ?

R. — Cela est vrai. J'ai toujours persisté à dire que l'enfant était venu mort. Quand au viol, je n'y ai pas persisté, je ne voulais pas faire un malheur de plus en faisant arrêter cet homme.

. . . .

D. — Vous aviez entrevu dans Fétis un amant, et plus tard un époux !

Angélina (avec angoisse). — Cela n'est pas possible.

M. le Président. — Vos premiers interrogatoires le prouvent.

Angélina (avec indignation). — Est-il possible qu'un homme *comme ça*, aussi indigne que Fétis, puisse être cru plus que moi !

Elle fait un geste de mépris pour cet homme.

Le Président. — Vous ne l'avez pas toujours trouvé aussi indigne.

M. le Président lit plusieurs pièces de l'instruction, desquelles il résulte : 1° un concert entre Angélina et Fétis, ayant pour but le mariage ; 2° un concert entre la mère et la fille, ayant pour objet la disparition de l'enfant.

On a remarqué pendant tout cet interrogatoire, violent parfois, une indignation réelle chez la jeune fille toutes les fois que le nom de Fétis est prononcé. Ses yeux lancent des éclairs et prennent l'expression d'un dégoût profond pour cet homme.

Madame Lemoine est introduite.

. . . .

D. — Vous êtes-vous aperçue de familiarités entre votre cocher et votre fille qui agaçait le domestique et allait jusqu'à le jeter à terre en votre présence ?

R. — Jamais en ma présence je n'aurais toléré cela.

D. — Votre fille a avoué qu'elle était de connivence avec vous pour dire qu'elle avait été violée et que l'enfant était venu mort : je précise, cette réponse est consignée dans le quatrième interrogatoire du 7 septembre.

R. — Si ma fille a fait cette déclaration, c'est que ses souvenirs l'ont mal servie.

La dame Lemoine est presque toujours en contradiction avec les réponses de sa fille.

Un grand nombre de questions adressées à Angélina sont renouvelées à l'accusée.

La plupart de ces questions sont relatives à la grossesse, aux accidents qui en étaient ou devaient être les conséquences.

L'accusée répond aussi succinctement que possible.

Plusieurs fois le président la somme de redire, en détail, en quels termes sa fille lui a fait l'aveu de ses relations avec Fétis.

Enfin l'accusée répète, aux termes près, la même déclaration que sa fille avait faite la première fois qu'elle fut mandée par le juge d'instruction.

D. — Votre fille a avoué que vous étiez convenues de faire disparaître l'enfant ?

R. — Je n'ai jamais songé à un crime. Si j'avais eu cette pensée, il y avait d'autres moyens dont j'aurais pu disposer.

Cette réponse affirme encore le calme et l'esprit inflexible et cruellement logique de la dame Lemoine.

D. — Vous étiez si résolue à ne reculer devant aucune extrémité que vous étiez prête à employer comme premier moyen la fausse couche ?

R. — Tout cela est singulièrement dénaturé. J'avais à défendre ma fille des bruits qui circulaient sur son compte. Comme je ne croyais qu'à un retard dans les époques, j'ai conseillé des exercices fort éloignés du caractère qu'on leur a prêté.

D. — Et les bains chauds ?

R. — Ceci n'a pas le sens commun. Je n'ai jamais forcé ma fille à se baigner. Je prenais moi-même des bains très-chauds. Ma fille les prenait, après moi, dans la même baignoire, alors qu'ils étaient suffisamment refroidis pour elle.

D. — Et les courses à âne ?....

Les dangers auxquels vous exposiez votre fille étaient si réels que, à propos de cette chute conseillée dans l'escalier, elle vous a dit : « Tu veux donc me faire mourir ? »

R. — Ma fille était d'un caractère pusillanime ; la moindre chose lui faisait peur. Je n'ai jamais voulu exposer ma fille au moindre danger.

D. — Cependant, vous n'avez pas craint d'exposer les jours de votre enfant en la laissant accoucher sans secours ?

R. — Cet événement était pour moi imprévu. Je n'ai songé qu'à sauver l'honneur de ma fille !

D. — Comment vous y êtes-vous prise au dernier moment ? Vous avez accouché votre fille, vous l'avez aidée. Donnez-nous des détails !

R. — Pardon, mais je l'ai déjà dit ; je ne puis le répéter.... c'est trop pénible pour moi.... Dispensez-moi de renouveler la douleur de ce récit....

D. — J'insiste.

R. — Je ne saurais le dire.

D. — Permettez, vous avez eu le courage d'accomplir un pareil acte ; si vous refusez de le dire, on pourra croire que c'est une comédie ?

R. (avec hauteur).— Ah ! monsieur, ce n'était pas une comédie pour moi !

D. — Mais enfin, qu'avez-vous fait ?

R. — Ce que toute mère aurait fait à ma placé.

D. — Mais quoi, encore ?

R. — J'ai mis dans la chambre voisine un lit.

D. — Qu'est-il arrivé ?

R. — Un enfant mort.

D. — Expliquez-nous les circonstances.... (Un long silence.)... Quand pourtant on a eu le courage de brûler un enfant....

R. — J'ai eu le courage de brûler un enfant mort.

D. — Brûler un enfant mort, c'est déjà une chose horrible.

L'accusée (fièrement). — Que voulez-vous, je n'avais pas d'autre moyen de sauver l'honneur de ma fille !

D. — Il a fallu couper le cordon; à quel moment l'avez-vous coupé ?

R. — Je ne pourrais vous dire, je n'ai qu'un souvenir, c'est que l'enfant était mort.

D. — Qui le prouve? Tout, au contraire, démontre qu'il a vécu ; votre fille l'a vu remuer.

R. — Il est venu un enfant mort, voilà tout ce que je sais. J'ai dû couper le cordon. Mais pour préciser, cela m'est impossible.

D. — Mais il y a plusieurs manières de faire ou de laisser mourir un enfant.... Votre fille a dit que vous ne l'aviez pas lavé ?

R. — J'ai vu cet enfant mort, j'étais seule, j'ai songé à la mère.

D. — Croyez-vous donc qu'un enfant qui n'a pas de mouvement est nécessairement mort ?

R. — Cela est de la science, je n'étais pas si éclairée.

D. — Eh bien ! lorsqu'on n'est pas éclairée, on ne brûle pas un enfant parce qu'il ne remue pas. Il pouvait être vivant encore ; pourquoi vous hâter ?

R. — Il y avait déjà longtemps qu'il gisait là quand je l'y ai mis.

D. — Votre fille a dit qu'il avait remué ?

R. — Une femme qui accouche ne voit pas cela.

D. — S'il est vrai que l'enfant fût mort, pourquoi le brûler ?

R. — Entre un enfant mort et l'honneur de sa fille on n'hésite pas.

Le président cherche à tirer quelques éclaircissements sur la façon dont elle s'y est prise pour brûler l'enfant.

Nous supprimerons cette partie peu intéressante, vu la sobriété de paroles de l'accusée.

Nous mentionnerons uniquement deux réponses.

D. — Vous avez ensuite enlevé les cendres ?

R. — Il fallait bien les faire disparaître.

D. — Mais, encore une fois, c'était une affreuse occupation de jeter les restes, même privés de vie, de l'enfant de votre fille ?

R. — Tout cela est une conséquence forcée ; j'ai eu ce courage, pourquoi n'aurais-je pas eu le courage d'aller jusqu'au bout ?

(Vive sensation dans l'auditoire.)

Les témoins sont appelés à déposer.

Le premier est nécessairement Fétis,

Il est loin d'avoir les réticences des accusées.

Il raconte cyniquement ses tentatives et son commerce honteux avec Angélina.

Une question est pour lui la source de vingt réponses. Il entre, de lui-même, dans les moindres détails, à tel point que le président l'engage à passer outre.

Extrait de ses réponses :

— J'étais à la fontaine à puiser de l'eau, elle me parlait mari, je lui dis : j'en connais un. — Qui donc ? — Si vous voulez ce sera moi. — Nous verrons, plus tard !

— Un jour, à la cave, elle me tire à elle et me pince sur la cuisse gauche. « C'est pas bien, mam'selle, que je lui dis, vous n'y mettez pas assez de manières. » Elle me répondit : « Vous avez peur, grand nigaud que vous êtes ! »

Lorsque le témoin retourne à sa place il parait triomphant.

M. le docteur Danyau, second témoin, lit son rapport sur l'analyse des cendres.

Troisième témoin, veuve Suard.

— En septembre ou octobre 1858, on m'a dit de vilaines choses sur mademoiselle Angélina, et, un jour que sa mère est venue à la maison, je lui ai dit le bruit qui courait.

Fétis se vantait que mademoiselle l'avait fait venir dans sa chambre.

Quatrième témoin, Joseph Fétis.

Il déclare avoir engagé son frère à se tenir sur ses gardes; que les agaceries d'Angélina pouvaient être des enfantillages et qu'il prît garde d'aller à Fontevrault.

Me Lachaud prie le témoin, qui se pose en moralisateur à expliquer le passage suivant d'une lette qu'il a écrite à son frère: « Maintenant je te dirai que madame Lemoine n'a point encore de domestique, et c'est pourquoi nous n'avons pu faire parvenir ta lettre; mais nous y parviendrons. »

On entend la déposition de Sorneau, *le maître de violon de Fétis.*

Il résulte de la deposition de ce témoin qu'il s'intéressait vivement à ce que ce mariage eût lieu, parce qu'alors il espérait que Fétis lui payerait ce qu'il lui devait pour ses leçons de violon, tarifées à 25 *centimes* le cachet.

Paraît enfin Lieubray, le témoin qui a tenté de se suicider avant l'audience. Deux audienciers le soutiennent.

Ce témoin a proposé ses services à Jean Fétis pour faire conclure ce mariage. Lieubray était au courant de tout ce qui s'était passé.

Françoise Landry, couturière à Chinon, affirme qu'elle a vu quelques familiarités d'Angélina avec Fétis, et que c'était la jeune fille qui commençait.

Madeleine Gauthier, veuve Esnault, lingère, a voulu espionner la famille Lemoine dans *l'honorable* but de savoir ce qu'il s'y passait. — Elle fournit, du reste, peu de renseignements.

Les femmes Cruteau, Pilotot, Gilot, Fleurand, commerçantes à Chinon, déposent qu'elles ont été confidentes de Jean Fétis, qui leur a fait part de ce qui se passait chez madame Lemoine, ainsi que de ses espérances.

Un nommé Pierre Foullon certifie avoir vu madame monter, accompagnée de sa fille, le coteau de Givray. Angélina a ôté son surtout, s'est couchée sur le côté, et s'est laissée rouler en bas.

M. Guibout rappelle sa conversation avec M. Lemoine lorsque celui-ci vint de Paris exprès pour voir sa fille. — Il ajoute que le caractère de l'accusée ne souffre aucune contradiction.

On fait venir les témoins à décharge, ils sont au nombre de deux, ce sont les professeurs de la jeune fille : M. Laurent (Ernest), professeur de musique, et Narcisse Maupetit, professeur d'histoire au Collége de Chinon.

Ce dernier a donné sa leçon la veille de l'accouchement, il n'a rien remarqué.

Il n'a qu'à se louer du caractère de mademoiselle Lemoine.

M. le président adresse quelques questions aux accusées qui n'ont pour but que de leur faire résumer et préciser leurs réponses.

Lorsque le président, s'adressant aux jurés, dit que la femme Lemoine est d'une énergie sans égale, qui devait la conduire où elle est aujourd'hui,

Celle-ci se lève et d'une voix grave réplique :

— Oui, j'ai du caractère ; oui, j'ai de l'énergie ; je ne le nie pas ; mais l'énergie et le caractère conduisent aux grandes actions et non au crime.

M. le Président. — La justice appréciera.

A la dernière audience Angélina a repris une certaine assurance. On s'étonne même de sa fraîcheur ; c'est la jolie jeune fille qu'on admirait à Chinon.

Les débats sont terminés.

Le ministère public a la parole. Son réquisitoire est d'une vigueur peu commune. Il démontre le crime prémédité, décidé d'une façon irrévocable dans l'esprit de la femme Lemoine. L'enfant était voué à la mort dès le jour de sa conception. Il montre Angélina comme complice de sa mère.

Elle n'a point eu, il est vrai, l'initiative du crime ; mais elle n'a pas même fait une objection. Au surplus, toutes les déclarations d'Angélina sont concluantes et elles ont un caractère indéniable de sincérité.

Le procureur général insiste sur la confiance que l'on doit accorder aux dépositions de Fétis. « Son illusion, dit-il, a été un mariage. » Cette indulgence pour un être si abject cause une pénible impression dans une certaine partie de l'auditoire.

L'opinion s'est chargée de stigmatiser cet homme.

Enfin, il termine en disant que la satisfaction doit être d'autant plus sévère, que les accusées sont plus haut placées. *C'était une femme riche, une femme du monde :*

qu'on ne dise point qu'elle a trouvé grâce devant la justice.

Le plaidoyer de M⁰ Lachaud, pour madame Lemoine, est écouté avec un grand intérêt ; car, bien que les opinions des jurés et du public soient arrêtées, on est anxieux de connaître les moyens du défenseur. L'orateur exalte le caractère de l'accusée : selon lui, madame Lemoine est une bonne et grande nature. Sa fille, qu'elle adorait, était son orgueil, sa joie ; elle a tout fait, excepté le crime, pour sauver l'honneur de son enfant.

Ensuite, il s'attache à démontrer qu'elle n'est pas coupable, que si elle a une faute à se reprocher, c'est de ne pas avoir porté une plainte contre ce Fétis qui a spéculé sur la séduction pour établir sa fortune.

Il retrace les « angoisses de cette femme aux bruits de la ville encore éveillée, qui pénètrent par toutes les ouvertures et qui sonnent comme le carillon du déshonneur et de la mort. »

L'avocat suit pas à pas les charges de l'accusation et cherche à démontrer qu'elles ne sont nullement fondées.

Si madame Lemoine avait voulu commettre un crime, elle eût employé d'autres moyens plus certains.

Maintenant, l'enfant est-il venu vivant ? Tout est là. L'accusation ne l'a pas prouvé, elle n'a fait que l'affirmer. L'enfant n'est pas venu à terme.

En résumé cette femme a été plus forte qu'une femme ;

elle a été courageuse, elle a été d'une énergie antique ; elle avait une fille à sauver.

La défense d'Angélina est beaucoup plus facile ; elle est confiée à Mᵉ Sellier. Le plaidoyer est fort court. En admettant qu'il y ait eu crime, Angélina n'a pu y participer dans l'état où elle se trouvait. Les faits matériels sont là.

La réplique du ministère public est une seconde édition abrégée du réquisitoire. Le procureur général espère que messieurs les jurés ne confondront pas Angélina avec la mère ; que la faute de la jeune fille est moindre ; mais que la participation est évidente, et qu'elle doit être condamnée.

Mᵉ Lachaud prend la parole pour flétrir, encore une fois, ce Fétis, ce grossier bouffon qui, peut-être encore à l'heure qu'il est, espère que son mariage aura lieu.

. . . .

A dix heures du soir, le jury entre dans la salle des délibérations. Vingt-cinq minutes après, le jury revient, avec un verdict qui reconnaît Victoire Mingot, femme Lemoine, coupable d'avoir donné volontairement et avec préméditation la mort à l'enfant de sa fille. Toutefois on admet des circonstances atténuantes.

Angélina Lemoine est acquittée.

Madame Lemoine est condamnée à vingt ans de travaux forcés.

L'accusée se pourvoit en cassation ; mais son pourvoi fut rejeté le 12 janvier 1860.

Nous ne pouvons passer sous silence un fait qui a été rapporté partout :

Les avocats des accusées ont reçu nombreuses lettres

Elle fit brûler l'enfant.

qui sollicitaient la main de la jeune fille si tristement célèbre.

Ainsi s'est terminé ce drame qui a passionné la ville de Chinon, plus encore par la position sociale des acteurs que par le fait en lui-même.

L'opinion publique a été inexorable pour madame Lemoine. Le monde honnête a eu beaucoup de sympathie pour la pauvre Angélina, qu'on a plainte en même temps qu'on la blâmait. L'immonde et cynique Fétis a été l'objet d'une souveraine indignation de la part de ce même monde honnête. Il est vrai de dire qu'il a eu ses partisans. Sa cause était, en effet, celle de tout un parti.

Que lui et *ses souteneurs* se consolent. Nous sommes à une époque telle que sa fortune est assurée à cause du scandale qu'il a fait naître et dans lequel il s'est posé en héros.

Le sieur Fétis n'a qu'à faire des offres à un café de Paris pour y entrer comme garçon ; il sera accueilli à bras ouverts.

Il se fera une rente d'au moins quatre mille francs, puisque ce chiffre est son rêve.

On fera queue pour le voir, quelques femmes de sa secte viendront l'admirer.

De plus, l'établissement qui aura eu *l'intelligence* de payer cette *réputation* possédera une clientèle à nulle autre pareille.

Nous le répétons, nous sommes à une époque où on aime l'extraordinaire, même dans la bassesse.

FIN DE L'AFFAIRE DE CHINON

LOUIS LOMONT

La veuve Barberis, logeuse et herboriste, rue de Verneuil, avait réussi, à force de travail et d'économie, à amasser assez d'argent pour assurer le pain de ses vieux jours et songeait à se retirer du commerce.

Elle avait deux filles, l'une mariée à un nommé Louis Lomont, qui tenait, rue Tiquetonne, l'hôtel de Russie, l'autre qui attendait, près d'elle, sans trop d'impatience, un parti sortable.

Louise Barberis était une jeune fille de vingt-quatre ans environ, dont les traits presque virils annonçaient le caractère entier et énergique. Sa mère se reposait sur elle d'une grande partie des soins multiples qu'exigeait son double commerce, et oubliait volontiers qu'elle approchait de cet âge où une fille risque de coiffer sainte Catherine.

Le 11 juillet 1812, un dimanche, elle attendait Louise qui était allée dîner en ville.

Cette dernière ne rentra que vers dix heures.

— Que tu rentres tard ! lui dit sa mère, du moins es-tu allée rue Tiquetonne ?

— Non, dit Louise, je n'en ai pas eu le temps, mais demain matin.

— Ce sera bien tard, le temps presse. Pendant cette longue soirée tu ne saurais croire de quelles inquiétudes j'étais dévorée. Louis avait promis qu'il viendrait nous apporter l'état de ses meubles de son hôtel. Il ne pourra payer à l'échéance du 15, et ce n'est pas trop de quatre jours pour lui trouver un acquéreur. Si j'avais eu aujourd'hui l'état de ses meubles, j'aurais déjà pu m'occuper de cette affaire. Mais non.... ta sœur est d'une indolence !... Et quant à son mari, tu le sais, Louise, il ne vaut rien dans le commerce.

— Oh ! certes, pour tenir un hôtel, Lomont n'est pas l'homme qui convient ; il est sombre, désagréable, il ferait fuir les gens au lieu de les attirer.

— Je vais passer une mauvaise nuit, reprit la mère. Si cet hôtel de Russie n'est pas vendu d'ici le 15, je vois mon gendre s'acheminer vers Clichy ; je vois ma fille ruinée. Écoute, Louise, si tu étais bien gentille, tu irais rue Tiquetonne.

— J'irai, maman, je vous le promets.

— Tu irais ce soir....

— Oh ! je vous en supplie, dit Louise, n'exigez point cela. Il va être dix heures et demie ; je n'arriverais pas rue Tiquetonne avant onze heures. Ils seraient couchés ; enfin à quelle heure serais-je de retour ? J'irai demain à huit heures. Je suis accablée de sommeil.

La veuve Barberis n'insista point.

Sa fille lui souhaita la bonne nuit, la laissa dans la boutique, et accompagnée d'Esther Cassande, jeune do-

mestique à leur service, elle monta dans sa chambre, située au troisième étage.

Ainsi qu'elle l'avait dit à sa mère, pressée par le som-

Elle prit sa mère dans ses bras. (Page 278.)

meil, elle ne tarda point à se coucher. Elle retira la cle_
de sa chambre, et, comme d'habitude, la posa sur la commode.

Esther se retira et ferma la porte en la tirant avec
force.

Elle ferma de même une porte du corridor, puis descendit au rez-de-chaussée, où elle soupa avec une autre servante, Marguerite Lindel.

Vingt minutes plus tard, la veuve Barberis engagea ses deux bonnes à aller se coucher. Elle les éclaira en leur disant qu'elle se chargeait de fermer la porte de l'allée.

Il était onze heures et demie. Le silence le plus profond régnait dans la maison.

Louise Barberis venait de s'endormir, quand tout à coup elle fut réveillée par des coups violents qui lui étaient assénés sur la tête, le cou et la poitrine, sans qu'elle pût, dans l'obscurité profonde qui l'environnait, distinguer le bras qui la frappait.

Elle se jeta, en criant, dans la chambre, courut à la fenêtre sans être retenue par l'assassin, et se prit à crier de toutes ses forces.

Puis, malgré le sang qu'elle perdait en abondance, avec une rare énergie elle alluma sa chandelle et descendit pour porter secours à sa mère.

La porte de sa chambre avait été ouverte sans effraction. Elle n'entendait et ne voyait rien qui décelât la présence d'un malfaiteur.

Mais un horrible spectacle l'attendait au rez-de-chaussée.

Dans l'arrière-boutique elle trouva sa mère baignée dans son sang et expirante.

Après avoir pressé dans ses bras le corps inanimé de sa mère, oubliant l'état affreux où elle se trouvait elle-même, espérant toujours rappeler sa mère à la vie, elle courut réveiller les domestiques et alla chercher un officier de santé du voisinage.

Cependant les voisins étaient accourus, et avec eux le commissaire de police.

Tandis que l'officier de santé prodiguait ses soins à la mère et à la fille, — soins qui, pour la première, restèrent infructueux, — le commissaire de police se livrait à une sévère investigation.

Il ne trouva ni l'instrument du crime, ni rien qui donnât à penser qu'un vol eût été commis dans la maison; mais, dans l'arrière-boutique sur une table, il trouva un cahier de papier en six feuillets, contenant l'état des meubles de l'hôtel de Russie, rue Tiquetonne, n° 11.

Louise, interrogée, déclara que cet état était écrit en entier de la main de Louis Lomont, gendre de la veuve Barberis.

Par la mort de la dame Barberis et celle de sa fille, la femme de Lomont devenait seule héritière de la famille.

De plus la circonstance de ce double assassinat rapprochée de cet autre fait que les affaires de Lomont étaient dans la situation la plus embarrassée ; tous les soupçons se tournèrent vers ce dernier.

Le lendemain, à cinq heures du matin, on l'envoie chercher par Esther.

Il revint avec cette fille, qui ne lui avait rien dit de ce qui s'était passé, mais à peine entré, il pâlit et chancela.

Introduit près de sa belle-sœur, il la considéra d'un air hébété et ne lui demanda point d'où provenaient ses blessures. Enfin, faisant effort pour rompre le silence : — « Et ma belle-mère ? » dit-il. — « Elle se porte bien, » lui répondit-on. — « En êtes-vous bien sûr ? » fit-il avec un sourire pénible.

On le laissa se retirer. Vers sept heures il revint avec sa femme. Le commissaire les interrogea.

Ce magistrat demanda à Lomont l'emploi de sa soirée de la veille.

— Je suis venu ici à dix heures, dit-il, apporter à ma belle-mère l'état des meubles. Je ne suis resté avec elle que cinq minutes, et je suis rentré chez moi vers onze heures.

Mais cette déclaration fut démentie par les dépositions de Louise Barberis et des deux servantes, et d'autres témoins furent entendus qui affirmèrent qu'il n'était rentré chez lui que vers minuit.

On trouva chez lui des vêtements tachés de sang. Ces taches étaient faites à la jambe droite du pantalon, et les experts émirent l'opinion que le sang avait dû jaillir de bas en haut ; ce qui s'accordait avec la position du cadavre de la veuve Barberis.

Du rapport des chirurgiens il résultait que les blessures avaient été faites par un instrument à la fois tranchant et contondant, tel qu'une hachette.

Lomont nia avoir jamais possédé cet instrument ; mais

on saisit une lettre dans laquelle il priait sa mère de déclarer qu'elle avait emporté de chez lui une hachette.

Après de longues recherches, plus d'un mois après le crime, le hasard fit découvrir une hachette cachée au fond d'une fontaine de grès, dans la cuisine de l'hôtel de Russie.

Lomont la reconnut, mais nia l'avoir cachée dans la fontaine.

Le rapport des chirurgiens qui rapprochèrent l'instrument des plaies de Louise Barberis, et le rapport des experts chimistes chargés d'analyser les matières dont la hachette et le fond vaseux de la fontaine étaient chargés, conclurent à faire penser que la hachette avait servi d'instrument à l'assassin.

Enfin on apprit que quelque temps avant le crime Lomont avait fait aiguiser la hachette et y avait fait mettre un manche neuf. Toutes ces circonstances concouraient à établir sa culpabilité.

Quant à sa femme, qui avait été arrêtée et que l'on considérait comme sa complice, après avoir d'abord déclaré qu'il était rentré à l'hôtel vers onze heures et avoir cherché à le justifier, elle dut renoncer à un système qui la perdait sans sauver son mari.

Elle déclara que Lomont n'était rentré qu'à minuit et demi, qu'il avait l'air bouleversé, et que pendant la nuit, il n'avait cessé de se plaindre d'un violent mal de tête.

Le lendemain, ajoutait-elle, son mari paraissait plongé

dans une tristesse morne dont elle cherchait en vain le motif.

Aucune charge ne s'élevant contre elle, elle fut mise en liberté.

Le 12 octobre, Louis Lomont comparut devant la cour d'assises de la Seine.

L'accusation était soutenue par M. Maximilien Joubert, avocat général. Ce magistrat rappela que dès son enfance, l'accusé avait débuté par le vol dans la carrière du crime ; que plus tard il avait commis, au préjudice de ses parents, de nombreuses escroqueries ; qu'enfin, depuit son mariage, il avait fréquenté les maisons de jeu et s'était lié avec des gens de mauvaise vie.

Il termina son réquisitoire en rendant hommage au courage et à la piété filiale de Louise. « Louise Barberis, s'écria-t-il, où êtes-vous ? Paraissez, venez recevoir au nom du public dont nous sommes en ce moment l'interprète et l'organe, les éloges que votre courage et votre piété touchante vous ont mérités.

» Le récit de votre conduite généreuse a ému tous les cœurs. A peine échappée au fer d'un meurtrier, couverte de sang et de blessures profondes, votre première pensée fut pour votre mère.

» Après avoir pressé dans vos bras son corps inanimé, vous-même, vous allâtes au milieu de la nuit réclamer au loin des secours et des soins !... Soins inutiles !... A votre retour cette tendre mère n'était plus.... Vous ne pûtes recueillir que son dernier soupir !... Aujourd'hui, appelée en témoignage, vous étouffez vos ressentiments, vous seule ne voyez point vos vêtements funèbres. Fidèle à votre serment, vous avez parlé sans haine, et l'autel de la justice n'a pas été considéré par vous comme l'autel de la vengence. »

. . . .

M. Maugeret, chargé de la défense de l'accusé, s'acquitta avec talent de cette tâche pénible ; mais son éloquence ne pouvait ébranler les solides convictions du jury.

Louis Lomont, déclaré coupable, fut condamné à la peine de mort.

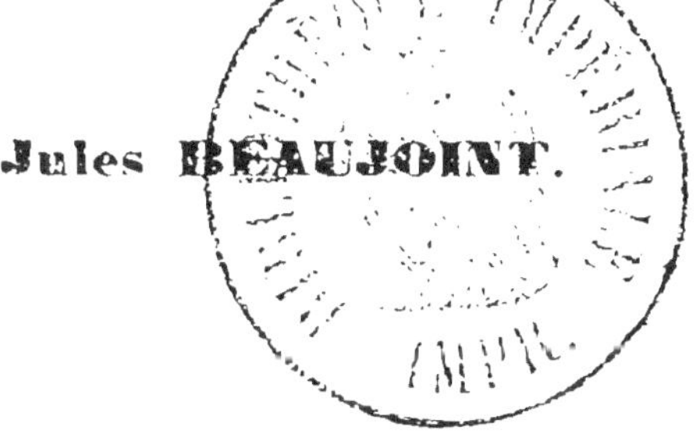

Jules **BEAUJOINT**.

FIN DU TROISIÈME VOLUME

Nous commencerons notre quatrième volume par **LE FRÈRE LÉOTADE**. — La rédaction de cette cause très-intéressante et très-dramatique a été confiée à M. GASTON DE TAYAC.

1410 Paris — Typ. Morris père et fils, rue Amelot, 64.

EN VENTE TROIS VOLUMES

DES

GRANDS DRAMES

DE LA

COUR D'ASSISES

Le premier volume contient les procès suivants :

Fualdès, par Jules Beaujoint; **Benoît le parricide**, par de la Brugère; **l'Armoire d'acajou**, par Alexandre Dumas; **Un Bal sanglant**, par de la Brugère; **le Curé Mingrat**, par Jules Beaujoint; **Homo**, par de la Brugère; et **Sureau**, par Jules Beaujoint.

CE VOLUME DE 300 PAGES EST ILLUSTRÉ DE 30 GRAVURES INÉDITES

Prix : **90** centimes.

Le deuxième volume contient :

L'Auberge de Peirebeilhe, affaire Martin Leblanc, Cour d'Assises de Privas, triple condamnation à mort.

Pendant vingt-six ans Martin Leblanc, sa femme et son domestique ont égorgé les malheureux voyageurs ; leurs victimes se comptent par centaine ; les récits les plus émouvants pâlissent à côté de l'Auberge de Peirebeilhe.

Ce deuxième volume contient, en outre, **le Souterrain de Clignancourt**.

Prix : **90** centimes.

Le troisième volume contient :

Papavoine, par Huart; **Collet le Roi des Escrocs**, par Labourieu; **le Drame de Chinon**, affaire dame Lemoine et sa fille.

Prix : **90** centimes.

Les envois d'argent doivent être adressés à **M. FAYARD, éditeur,**
Rue des Noyers, 49, à Paris.

A NOS LECTEURS

L'Histoire de PONCET, cet **évadé de Cayenne,** qui, en 1865, assassina, près d'Argenteuil, un vieillard nommé Ch. Lavergne, avait été depuis longtemps promise à notre collection, quand on nous apprit que Poncet, après sa condamnation à mort, avait écrit ses Mémoires.

Nous avons lu ce manuscrit étrange, et convaincu de son authenticité nous avons acheté le droit de le publier.

Malheureusement les *Mémoires de Poncet* sont trop volumineux pour notre collection dont ils auraient absorbé près de six mois de publication.

Ce nouvel ouvrage paraîtra en livraisons in-4°, grand format, sur deux colonnes, à **10 centimes.**

C'est la première fois qu'un homme illettré, tel que Poncet, a eu l'audace de nous révéler une existence qui n'est qu'une longue série de crimes.

Inutile d'ajouter que les drames racontés par ce scélérat dépassent en horreur tout ce qu'aurait pu inventer l'imagination d'un romancier.

Nous engageons nos lecteurs à acheter cet ouvrage, qui se vend *chez tous les libraires :*

10 centimes la livraison très-bien illustrée, et **50 centimes** la série de **5** livraisons.

Nous enverrons a nos lecteurs de province cette première série, *franco,* contre **50 centimes** en timbres-poste adressés à M. **FAYARD,** rue des Noyers, 49, à Paris.

(Voir le prospectus ci-contre.)

LISEZ !

Le **13** janvier **1866** a comparu, devant la Cour d'assises de Versailles, le nommé Poncet (Barthélemy), accusé d'avoir, dans la soirée du **14** octobre **1865**, près du bois d'Orgemont, commune d'Argenteuil, commis un assassinat sur la personne d'un Anglais nommé Thomas Lavergne.

Les circonstances atroces dont le crime avait été entouré, et plus tard les détails donnés par la presse sur les antécédents et le caractère de l'accusé, avaient surexcité au plus haut degré la curiosité publique.

Tout le monde savait que Poncet, à peine âgé de vingt-huit ans, avait un effrayant dossier judiciaire.

Une partie de sa jeunesse s'était écoulée dans une maison de correction. Au sortir de la maison centrale, il avait été condamné pour émission de fausse monnaie et injures envers un magistrat. Trois ans plus tard, un vol avec effraction l'envoyait à Cayenne.

À peine arrivé au pénitencier, Poncet, après une tentative faite avec Giraud de Gâtebourse, le fameux faussaire, était parvenu à s'évader et à passer en Amérique.

Déjà à l'époque où s'ouvraient les assises de Versailles, on colportait les détails les plus intéressants sur cette évasion, accomplie au milieu de périls sans nombre et d'inconcevables aventures.

Enfin, après avoir servi dans l'armée fédérale, Poncet s'était audacieusement embarqué pour la France, où le démon du crime, on ne sait quelle fatalité qui domine les natures perverses, le poussait à l'assassinat et le livrait au bourreau.

Condamné à mort, dans son cachot de Versailles, Poncet, soit par vanité, soit pour se soustraire pendant quelques jours à la pensée cruelle du supplice, écrivit l'histoire de sa vie.

Une partie de ces mémoires fut remise à un tiers (qu'il ne nous est pas permis de nommer), pour être placée sous les yeux de l'Empereur.

L'ex-pensionnaire de Gaillon, l'évadé de Cayenne, y réclamait de la justice de l'Empereur, en faveur des prisonniers et des forçats, l'abolition de certains moyens de répresion d'une sévérité excessive. Tout ce que peut souffrir un forçat, depuis les bagnes flottants de Toulon jusqu'aux pénitenciers de Cayenne, s'y trouve dépeint avec un réalisme saisissant. Ce sont ces Mémoires que nous allons publier.

Ils sont authentiques et signés de la main de Poncet.

On nous permettra, contrairement à la mode du jour, de ne point faire précéder ces révélations authentiques d'une sorte de *boniment*, qui ne devrait être en usage que chez les saltimbanques de la foire.

Inutile de crier aux *faits étranges, mystérieux*, aux *drames sanglants*, aux *émotions déchirantes*.

On comprend assez que la vie de Poncet n'a malheureusement pas été une idylle, et que si un éditeur achète un manuscrit semblable, c'est qu'il compte sur un grand succès de curiosité et d'émotion.

C'est la première fois qu'un homme illettré, tel que Poncet, a eu l'audace de nous révéler une existence qui n'est qu'une longue série de méfaits et de crimes.

Inutile d'ajouter que les drames racontés par ce scélérat dépassent en horreur tout ce qu'aurait pu inventer l'imagination d'un romancier.

Ces Mémoires nous ont séduit non moins par le style que par les événements qu'ils rapportent. Écrits dans le langage familier des gens sans instruction, ils respirent une sincérité et une naïveté des plus originales.

L'homme s'y révèle tout entier, il y palpite; — c'est *nature*.

On y rencontre des mots qui valent une signature, des expressions que ni l'auteur des *Mystères de Paris* ni l'auteur des *Misérables* n'auraient trouvées.

Nous les avons soigneusement respectées dans leur incorrection : c'est une saveur de plus.

10 centimes la Livraison, magnifiquement illustrée.

Chez tous les Libraires et chez FAYARD, éditeur, rue des Noyers, 49, à Paris.